A você, que vai entrar agora nesta linda e reveladora psicografia, desejo muita luz, paz, amor e felicidade. Que as linhas por mim escritas lhe ajudem em sua jornada evolutiva.

São meus sinceros votos,

OSMAR BARBOSA

PELO ESPÍRITO DE NINA BRESTONINI

Cinco Dias no Umbral

O Perdão

O autor cedeu os direitos autorais deste livro à
Fraternidade Espírita Amor e Caridade.
Rua São Sebastião, 162 - Itaipu - Niterói, Rio de Janeiro.
Tel.: 21 3254-7320
www.fraternidadeespirita.org

Cinco Dias no Umbral

O Perdão

Book Espírita Editora

1ª Edição

| Rio de Janeiro | 2021 |

Pelo Espírito de Nina Brestonini

BOOK ESPÍRITA EDITORA

Capa
Marco Mancen

Projeto Gráfico e Diagramação
Marco Mancen Design

Ilustrações do miolo e capa
Manoela Costa

Revisão
Priscilla Melo

Marketing e Comercial
Michelle Santos

Pedidos de Livros e Contato Editorial
comercial@bookespirita.com.br

Região Oceânica, Niterói,
Rio de Janeiro, Brasil.

1ª edição
Prefixo Editorial: 92620

Dados Internacionais de Catalogação na Publicação (CIP)
(Câmara Brasileira do Livro, SP, Brasil)

Brestonini, Nina (Espírito)
Cinco dias no umbral : o perdão / Espírito Nina Brestonini, [psicografado por] Osmar Barbosa. -- 1. ed. -- Niterói, RJ : Book Espírita Editora, 2020.

ISBN 978-65-89628-02-6

1. Espiritismo 2. Literatura espírita 3. Psicografia 4. Reencarnação - Espiritismo I. Barbosa, Osmar. II. Título.

21-55645 CDD-133.93

Índices para catálogo sistemático:

1. Literatura espírita : Espiritismo 133.93

Aline Graziele Benitez - Bibliotecária - CRB-1/3129

BOOK
ESPÍRITA
EDITORA

Outtros livros psicografados por Osmar Barbosa

Cinco Dias no Umbral

Gitano - As Vidas do Cigano Rodrigo

O Guardião da Luz

Orai & Vigiai

Colônia Espiritual Amor e Caridade

Ondas da Vida

Antes que a Morte nos Separe

Além do Ser - A História de um Suicida

A Batalha dos Iluminados

Joana D'Arc - O Amor Venceu

Eu Sou Exu

500 Almas

Cinco Dias no Umbral - O Resgate

Entre nossas Vidas

O Amanhã nos Pertence

O Lado Azul da Vida

Mãe,Voltei!

Depois...

O Lado Oculto da Vida

Entrevista com Espíritos - Os Bastidores do Centro Espírita

Colônia Espiritual Amor e Caridade - Dias de Luz

O Médico de Deus

Amigo Fiel

Impuros - A Legião de Exus

Vinde à Mim

Autismo - A escolha de Nicolas

Umbanda para Iniciantes

Parafraseando Chico Xavier

Acordei no Umbral

A Rosa do Cairo

Deixe-me Nascer

Obssessor

Regeneração - Uma Nova Era

Agradecimento

Agradeço, primeiramente, a Deus por ter me concedido esse verdadeiro privilégio de servir humildemente como um mero instrumento dos planos superiores.

Agradeço a Jesus Cristo, espírito modelo, por guiar, conduzir e inspirar meus passos nessa desafiadora jornada terrena.

Agradeço a Nina Brestonini e aos demais espíritos ao lado dos quais tive a honra e o privilégio de passar alguns dias psicografando esse livro. Agradeço ainda pela oportunidade e por permitirem que essas humildes palavras, registradas nesse livro, ajudem as pessoas a refletirem sobre suas atitudes, evoluindo.

Agradeço ainda à minha família pela cumplicidade, compreensão e dedicação. Sem vocês ao meu lado, me dando todo tipo de suporte, nada disso seria possível.

E agradeço a você, leitor amigo, que comprou esse livro e, com sua colaboração, nos ajudará a levar a Doutrina Espírita e todos os seus benefícios e ensinamentos para mais e mais pessoas.

Obrigado.

A todos, os meus mais sinceros agradecimentos.

Osmar Barbosa

Para uma melhor compreensão dessa psicografia,
recomendamos a leitura dos livros anteriores:
Cinco Dias no Umbral e
Cinco Dias no Umbral – O Resgate.

O Editor

Conheça um pouco mais de Osmar Barbosa:
www.osmarbarbosa.com.br

“

Caríssimos, não acrediteis em todos os Espíritos, mas provai se os Espíritos são de Deus, porque são muitos os falsos profetas que se levantaram no mundo.

(João, Epístola I, cap. IV: 1)

”

Prefácio

Noventa por cento das psicografias que faço acontecem pela madrugada. Questionei Nina e os demais espíritos o porquê desse horário e todos foram unânimes em me responder: – É o melhor horário para a psicografia, pois os encarnados, em sua maioria, estão dormindo no país em que você está encarnado, assim o plano terrestre está menos denso, o que facilita a nossa comunicação.

– Como assim?– perguntei.

– É a hora em que a psicosfera do planeta Terra está menos densa, o que facilita o nosso contato. Por estarem a maioria dos encarnados desprendidos de seus corpos, o plano terreno fica menos denso e isso facilita nossa interação, como disse.

Uma vez, eu recebi uma autora famosa para uma palestra na Fraternidade Espírita Amor e Caridade, instituição a qual estou presidente, e onde realizo meus trabalhos mediúnicos, e logo no começo da apresentação, ela afirmava que a sua mentora espiritual, que acabara de lhe presentear com um livro, tem um estranho hábito: acorda ela sempre pela madrugada para as psicografias.

Curioso, logo após a palestra, perguntei à ela se alguma vez havia perguntado à sua mentora qual era o motivo daquele horário para as comunicações. Ela então me respondeu que a sua mentora havia lhe dito que aquele horário era propício, porque o plano terreno está mais apropriado para as interações entre os encarnados e os desencarnados.

Comentei com ela que o mesmo ocorre comigo, ela então me disse que vários autores passam por esse processo. Fiquei surpreso e feliz!

Rimos muito, pois essas coisas são assim, vários médiuns passam pelo mesmo processo, embora estejam em cidades, estados ou países diferentes. E foi assim que surgiu o espiritismo, como nos relata Allan Kardec em sua biografia.

A história desse livro começa em uma dessas madrugadas em que sou acordado pelos espíritos.

Existem várias formas de eles me acordarem. Na maioria das vezes, eles me chamam. Mas dessa vez foi diferente e muito mais assustador. Dessa vez, eu resolvi partilhar com todos vocês. Vamos lá?

Naquela noite, fui acordado de uma forma diferente, muito diferente. E embora eu tenha ficado muito assustado, algo dentro de mim me acalmava. Mas confesso, quase morri de susto.

Meu quarto é bem grande, e minha cama também. Costumamos dormir com tudo trancado e bem escuro. Bem escuro mesmo. Esse é o hábito meu e da minha amada esposa.

Os puxões que levo na perna são comuns. Foram várias as vezes em que acordei assustado com alguém puxando minha perna. A minha esposa já se acostumou e, toda vez que acontece, ela ri muito da minha cara de assustado. Algumas vezes aconteceu com ela ainda acordada, pois ela tem o costume de ficar até tarde assistindo televisão. Algumas vezes, ela diz: eu os vi levantarem a coberta para puxarem seu pé.

Não recomendo a ninguém essa experiência.

Mas, como ia dizendo, naquela noite foi diferente, porque normalmente puxam a minha perna simplesmente para me acordar, dão um puxãozinho de leve, nunca vi nenhum espírito puxando minha perna, se visse, não estaria aqui escrevendo esse livro, certamente.

Naquela noite, eu acordei muito assustado, pois ao puxar a minha perna, eu percebi que não era uma mão puxando, e sim garras. Nunca senti tanto medo sendo médium. Minha esposa, que estava ao meu lado, ficou muito assustada e me disse que o tal espírito tinha até tirado a coberta de cima da minha perna para poder fazer o que fez. Era uma daquelas noites em que ela estava acordada assistindo tv.

Tremendo de medo, me levantei, fui até o banheiro de nossa suíte, acendi a luz e me sentei em um pufe que fica no *closet* que dá acesso ao nosso banheiro. Olhei para as minhas pernas para verificar se havia alguma marca daquelas garras que me tocaram de forma tão forte e estranha.

Não havia nenhuma marca, mas eu ainda sentia as garras na minha pele.

Fiquei por ali por alguns minutos. Levantei-me, lavei o rosto e me dirigi à cozinha para beber um pouco de água.

Chegando lá, peguei um copo vazio, fui até o bebedouro, enchi o copo e me sentei na cozinha, ainda muito assustado. (E olha que vejo e converso com espíritos quase todos os dias) mas eu estava realmente muito assustado. Foi uma experiência diferente, na verdade, horripilante.

Comecei a pensar coisas terríveis, tipo, alguém fez feitiço para mim, fizeram algum trabalho para mim, e por aí foram os meus pensamentos aterrorizados.

Mas quem faria mal para mim? Por que os meus mentores não me protegeram? Por que aquele espírito me arranhou? Por que ninguém me protegeu?

O dia já estava clareando, foi quando eu resolvi ir para o meu escritório onde faço as psicografias, afim de buscar um contato com os meus amigos do plano espiritual para encontrar uma resposta daquilo que havia acontecido. Eu estava realmente muito assustado e procurava uma resposta para tudo aquilo.

Levei junto uma xícara de café bem quente que acabara de fazer.

Logo me sentei, e fiquei esperando pela presença de algum espírito amigo para aliviar o meu coração, que naquela altura, estava quase saindo pela boca. Meu medo era enorme, afinal alguém puxou a minha perna com garras que pude sentir como se estivessem rasgando a minha pele.

Tentei me acalmar tomando meu café quente e olhando alguns quadros que tenho no meu escritório, presentes de amigos e leitores.

Passou-se mais de uma hora, e nada, ninguém...

Resolvi então fazer uma prece, pensei "quem sabe orando os meus mentores se aproximam e me explicam o que é isso".

Os espíritos não estão à nossa disposição como se pressupõe. Quem dera fosse assim!

Deixei a xícara de café de lado e comecei a rezar baixinho. Eu pedia perdão a Jesus pelos meus erros e perguntava por que isso estava acontecendo comigo. Por que puxaram a minha perna? Por que isso estava acontecendo? Será que eu estava agindo contra a Lei Maior? "Meu Deus, perdoe-me", eu dizia emocionado, foi quando percebi que estava em lágrimas. Comecei a me culpar pelas psicografias, a me culpar pelos meus erros, as lágrimas desciam em minha face como um menino que perde quem tanto ama, uma enorme angústia foi se instalando dentro de mim. O que será que eu fiz de errado para isso acontecer? Será que alguém quer me destruir? E por que estou abandonado agora? Por que, meu Deus? Cadê os meus mentores espirituais?

Chorei por alguns minutos. Eu estava muito triste e me sentia muito só naquele momento. Resolvi então pegar algumas folhas de papel e expressar tudo aquilo que eu estava sentindo. Quem sabe começaria ali uma psicografia, quem sabe assim meus mentores se aproximariam para escrevermos juntos mais um livro.

Após alguns minutos, percebi que algum dos espíritos que me acompanham se aproximava. Foi então que Nina me apareceu, sempre linda com seu sorriso leve.

Meu coração se encheu de alegria, me senti amparado naquele momento. Fiquei aliviado, enfim alguém ouviu o meu chamado. É impressionante a luz da Nina. Ruiva, de olhos verdes, estatura mediana, pele branca e sorriso angelical, essa é a Nina.

Olhei para ela com carinho e ela sorriu me dizendo que estava tudo bem, pediu que eu me acalmasse e confiasse na lei maior.

Aos poucos, fui melhorando. A presença dela já era suficiente para que eu me sentisse melhor.

Nina é um espírito muito evoluído, e onde ela chega, todo o ambiente se modifica. Pude perceber que meu escritório estava iluminado e cheio de paz.

Esperei que ela falasse mais alguma coisa comigo, mas ela se manteve em silêncio, olhando para mim com ternura, parecia um olhar de minha querida mãezinha, que partiu desse plano a muitos anos atrás.

Fui me acalmando e deixei a caneta e os papéis de lado.

Encorajado, comecei um diálogo com ela:

– Poxa, Nina, pensei que vocês haviam me abandonado.

– Nunca te abandonaremos, Osmar, a escolha foi nossa e não sua.

– Fiquei muito preocupado, sinceramente estou triste, você deve estar sabendo o que aconteceu comigo.

– Sim, estamos cientes do que está acontecendo com você.

– Levei um baita susto, Nina. Será que tem alguém querendo o meu mal?

– Na condição espiritual em que você se encontra, é impossível agradar a todos. Posso lhe assegurar que você não está livre de perseguições espirituais, pelo contrário, o médium que psicografa está sempre sendo alvo de espíritos que precisam se comunicar, mesmo sem estarem preparados para isso, e sem permissão. Eles tentam, a todo custo, interferir em seus destinos.

– Como assim, Nina?

– Vocês são poucos. São muito poucos os médiuns que temos disponíveis para as comunicações entre os mundos, sendo assim, vocês são alvos dos espíritos que se acham no direito de se utilizarem de sua mediunidade para as comunicações, mas eles se esquecem que existe uma Ordem Maior, que Ela existe e deve ser respeitada. Assim, quando você vacila, vira objeto de desejo desses espíritos. Mas estamos vigilantes para que tudo se cumpra.

– Eu vacilei?

– Sim, mas sem intenção.

– Como assim, vacilei sem intenção?

– Você não vacilou, você "invigilou", se é que existe essa palavra.

– "Invigilou", essa palavra não existe, Nina.

– Invigilante existe?

– Não, Nina. Você quer dizer que eu vacilei, ou melhor, que eu não vigiei meus sentimentos, meus pensamentos ou a minha mediunidade?

– Isso, isso mesmo, você não vigiou seus sentimentos, seus pensamentos e a sua mediunidade, perfeito, Osmar.

Quanto às palavras que usei acima, são para te distrair e te acalmar.

– Tá, deixei de vigiar meus sentimentos, meus pensamentos e minha mediunidade. O que fiz, na verdade? Estou confuso. Eu gostaria de entender!

– Quando fazemos uma coisa repetidamente, costumamos nos achar perfeitos naquilo que realizamos, até que o acidente acontece, e por que acontece?

– Porque achamos que somos os melhores naquilo e perdemos a humildade e a atenção necessária à tarefa – disse-lhe.

– Foi isso que aconteceu com você, Osmar.

– Ego? - disse-lhe.

– Não, você não é uma pessoa que se deixa levar pela vaidade e muito menos é egoísta.

– Quem foi que puxou a minha perna, Nina? Eu me sinto envergonhado por ter vacilado com vocês.

– Lembre-se sempre disso: Orai e Vigiai para que o mal nunca ache brechas para lhe atingir. Ser médium é assumir um compromisso com a espiritualidade e, toda vez que você se deixar levar por sentimentos que não estão em conformidade com seus mentores espirituais, serás deixado a sós e, quando isso acontece, uma soma de maldades pode lhe acontecer. Médium é meio, é o instrumento dos espíritos para se comunicarem, sejam bons espíritos ou maus. Quando o médium se deixa levar, tudo pode acontecer.

– Então é uma coisa má que está me atacando, Nina?

– Nada te ataca se você não permitir. Você foi quem entrou na sintonia desses espíritos, e isso facilitou o trabalho deles.

– Foi alguém que fez alguma coisa para me destruir?

– Quem te destrói é você mesmo, lembre-se, você é filho de Deus, que jamais permite que o mal tenha força sobre o bem, quem se sintoniza ao mal é você.

– Eu sou o culpado por isso, reconheço.

– És o único responsável por sua existência. Todos os seus atos pesarão nas suas vidas futuras. O que colhes hoje é reflexo de suas vidas passadas, tudo o que desejar lhe será entregue, sejam coisas boas ou coisas ruins. És um semeador. "Todas as conquistas morais e intelectuais na encarnação são patrimônios da alma!" e assim se leva o que de bom praticas, e colhe-se o que se planta. Estás a colher os frutos de sua semeadura.

– Não sei quem foi que puxou a minha perna, senti garras como de um bicho grande e poderoso. Acordei muito assustado, ainda estou assim, sinto como se ele tivesse arranhado minha pele, Nina.

– Isso passa – disse-me ela serenamente.

– Será que ele atingiu o meu perispírito, Nina?

– Por que perguntas isso?

– Por que ainda sinto as garras dele na minha pele.

– Vamos fazer assim: Eu vou te levar ao Umbral e você vai poder ver muita coisa e relatar nesse novo livro para os nossos leitores. Vou lhe mostrar mais uma missão nessa região tão densa, e você poderá entender e explicar para todos os leitores o que acontece quando a vigilância perde espaço para a vaidade, para o ego e para o orgulho. E tem mais: você vai poder mostrar como é importante o perdão em qualquer tempo da vida e em qualquer lugar. Vai poder mostrar como é importante crermos no Divino e seguir sempre em frente, encarar de frente, Osmar, as provas que nos são apresentadas. Com fé, dignidade, bom caráter e amor, somos capazes de muitas coisas, até aquelas que ainda não compreendemos.

– Que honra poder te acompanhar mais uma vez, Nina.

– A honra é minha. Vamos escrever agora *Cinco Dias no Umbral – O Perdão*.

– Vamos sim, Nina – disse-lhe emocionado.

Osmar Barbosa/Nina Brestonini

“

Para cada ofensa que você sofrer ofereça ao mundo um sorriso. Isso vai transformar tudo a sua volta!

Nina Brestonini

”

Sumário

31 | DESDOBRAMENTO

39 | COLÔNIA ESPIRITUAL AMOR & CARIDADE

57 | DIA 1

91 | DIA 2

117 | DIA 3

147 | DIA 4

185 | DIA 5

203 | DIA 6

229 | DIA 7 - O ENCONTRO

Desdobramento

Oi gente, tudo bem? Vou falar mais um pouco de mim para vocês. Espero que gostem deste meu jeito simples de falar do espiritismo. É assim que levo minha vida, são assim todas as minhas coisas. "Simplicidade", assim também são as minhas psicografias.

Depois desse encontro, e de ter passado o susto que relatei acima ao lado da Nina, eu me sinto bem à vontade para escrever mais um livro para vocês.

Como a Nina tocou no assunto mediunidade, eu vou falar para vocês como tudo aconteceu e acontece comigo. Descobri a minha mediunidade muito cedo. Eu tinha apenas sete anos de idade quando fomos morar perto de um cemitério. Foi uma experiência curta, pois os espíritos me perturbavam muito, o que refletia no meu comportamento, e minha doce mãe, ao perceber isso, exigiu do meu padrasto que mudássemos daquele lugar. Aos nove anos de idade, tive mais uma marcante experiência mediúnica, que ocorreu durante um passeio com alguns amigos, quando decidimos tomar banho em um lago que eu imaginava ser de pouca profundidade. Lembro-me como se fosse hoje, era dia de São Cosme e Damião.

Todos nós mergulhamos ao mesmo tempo, o problema foi que eu não sabia nadar e o lago era bem fundo, resultado: eu me afoguei. Lembro-me de ter tentado nadar até um barranco próximo, mas não consegui. Lutei muito, minhas forças cessaram, e quando dei por mim eu estava chegando à minha casa e minha mãe estava na cozinha preparando o almoço daquele dia. Minha mãe então olhou para a porta (ela percebeu a minha chegada) quando eu estava entrando e comentou com uma tia que estava sentada à uma mesa descascando batatas: "Aconteceu alguma coisa com o Osmar". Minha mãe tinha um ar desesperador. Olhei para ela e imediatamente fui sugado para o meu corpo. Abri os meus olhos e percebi que meu rosto estava encostado no fundo do lago em meio ao lamaçal. Imediatamente, olhei para cima e vi o reflexo do sol espelhado na água, bati com as duas mãos no fundo do lago e emergi rapidamente. Um amigo, um pouco mais velho que eu, me pegou pelos cabelos e me puxou para fora da água. Lembro que ele me deu uma enorme bronca dizendo: "Onde você estava, cara? Estávamos todos aqui lhe procurando, nós já estávamos indo buscar ajuda, pensei que você tivesse se afogado!".

Eu então vomitei muita água e voltei ao normal. O amigo ao meu lado ficou muito assustado e preocupado. Eu, então, nem se fala!

Voltei para a minha casa correndo e fui para os braços de minha querida mãe, mas nunca contei essa história para ela e nem para ninguém, porque eu não compreendi muito bem o que havia acontecido comigo naquele dia. O ano: 1969.

Hoje, tenho consciência de que essa foi realmente a minha primeira experiência como médium. Tive mais algumas depois desse dia, que deixarei para contar em minha biografia que, aliás, já escrevi, mas a editora ainda não acha que seja a hora certa para ser lançada.

Descobri, durante essa e em outras experiências que tive, quais os tipos de mediunidade que eu possuo. Sim, porque existem vários tipos de mediunidade e em vários graus de desenvolvimento. Estamos todo o tempo nos modificando.

A minha mediunidade se expressa de quatro formas diferentes, são elas: vidência, desdobramento, psicografia e psicofonia. As que mais utilizo são o desdobramento e a psicofonia. Não gosto muito de psicografar, a não ser os livros que psicografo em desdobramento, e faço isso com muito amor.

Você deve estar se perguntando o que é mediunidade de desdobramento, não é?

Pois bem. Primeiro vou explicar o que é desdobramento e depois vou falar um pouco sobre mediunidade de desdobramento.

Desdobramento é a capacidade que todo ser humano possui de projetar a consciência para fora do corpo físico, utilizando-se dos corpos sutis de manifestação. O desdobramento pode ocorrer durante o sono, no transe, na síncope, no desmaio, na hipnose, ou sob a influência de alguns medicamentos.

Já a mediunidade de desdobramento é a capacidade que o médium tem de se afastar do corpo temporariamente, ficando ligado a ele por meio de laços fluídicos. Ou seja, é a capacidade que o médium tem de ir a lugares físicos ou espirituais estando acordado e em transe.

É durante o desdobramento que psicografo meus livros. Agradeço muito a Deus por ter essa oportunidade, embora seja uma missão, e não um privilégio.

Durante o desdobramento, eu me encontro com espíritos, visito colônias espirituais, viajo através delas e assisto a tudo o que escrevo. É durante o desdobramento que os espíritos conversam comigo. Eles são incríveis. São amorosos, atenciosos e muito simpáticos. Não são coisas assustadoras, pelo contrário, são lindos!

Eu já estive no Umbral várias vezes em desdobramento quando estava escrevendo os livros. E também em diversas colônias. O Umbral é um lugar muito ruim até para quem está indo visitar acompanhado de espíritos de luz. Eu não recomendo a ninguém passar por lá.

Espero que você, que está lendo este livro agora, nunca experimente entrar nesse lugar sem estar acompanhado de espíritos iluminados, sem estar acompanhado de amigos sinceros e verdadeiros, sem estar acompanhado de outros espíritos. Mediunidade é coisa divina, e sendo divina, divinamente devemos tratá-la, respeitá-la e exercê-la.

Assim tento exercer minha mediunidade sem vacilar, são muitas as oportunidades que o médium tem para desviar-se dos amigos do bem. Somos testados a todo momento. Nós médiuns somos os únicos responsáveis pelo exercício do bem, como nos relata a Nina.

Quando comecei a frequentar um centro espírita, logo a ansiedade tomou conta de mim. Eu achava que deveria incorporar rapidamente, que os guias ou mentores deveriam tomar o meu corpo, e por aí vai... coisa de médium iniciante.

Mediunidade é trabalho, é exercício caridoso e, acima de tudo, transformação, porque o médium que não se modifica fica estagnado no caminho evolutivo do amor.

Assim, o exercício diário da caridade nos aproxima ainda mais dos espíritos de luz. Confesso que o espírito que puxou o meu pé tem uma linda história para contar para nós.

Assim, em desdobramento, cheguei à Colônia Espiritual Amor e Caridade.

Era uma linda tarde de outono. Pude ver que as folhas das árvores de Amor e Caridade estavam no chão, formando um lindo e colorido tapete por onde caminhei até o portão principal.

“

Mediunidade é trabalho, é exercício caridoso, e, acima de tudo, “transformação”, porque o médium que não se modifica fica estagnado no caminho evolutivo do amor.

Nina Brestonini

”

Colônia Espiritual Amor e Caridade

Existem no mundo espiritual cidades espirituais; alguns chamam essas cidades de colônias espirituais; outros, de mundos transitórios, e por aí vai. Na verdade, eu me encontrei com a Nina na Colônia Espiritual Amor e Caridade. Essa colônia fica dentro da Colônia das Flores, que é uma das maiores e mais antigas colônias espirituais instaladas sobre o Brasil. Ela fica acima do Estado de Santa Catarina, adentra aos Estados do Paraná, Mato Grosso do Sul e um bom pedaço do Estado de São Paulo. Como todos podem ver, a Colônia das Flores é bem grande.

A Colônia Espiritual Amor e Caridade foi criada há pouco tempo, cerca de cento e vinte anos, aproximadamente. Ela foi criada para oportunizar alguns espíritos a seguirem se aperfeiçoando e evoluindo. A Colônia das Flores é especializada no atendimento a pessoas que desencarnam vítimas de câncer. A Colônia Espiritual Amor e Caridade também tem por especialidade socorrer as crianças vítimas da mesma doença. Além disso, ela é uma colônia que auxilia alguns centros espíritas instalados no orbe terreno; alguns dos mentores desta colônia auxiliam médiuns a desenvolverem um trabalho de orientação, auxílio, amparo e conscientização da vida eterna aos doentes que são levados a esses centros espíritas. Tudo se comunica segundo esses amigos. Misericórdia divina, dizem eles!

Daniel é o presidente da Colônia Espiritual Amor e Caridade. Ele foi frei e viveu no Brasil há cerca de cem anos. Hoje, preside com muita competência e amor essa divina colônia.

Cheguei lá muito ansioso para o encontro com Nina. Logo na entrada, encontrei-me com Marques, que é assessor direto do Daniel. Tudo é muito organizado nas colônias espirituais.

Há vários espíritos, todos muito atarefados. E pensar que, quando morremos, vamos descansar... Tolice, pois temos muitas coisas a fazer quando retornamos à consciência da vida eterna.

Há ruas, avenidas, prédios, lagos, campos verdejantes, árvores coloridas e flores que eu nunca vi por aqui. Vejo sempre animais por lá, cães, pássaros e outros animais que vivem entre espíritos e a linda vegetação das colônias. Tive até a oportunidade de ver como são recebidos nossos cães quando desencarnam na psicografia do livro *Amigo Fiel*, disponível em todas as livrarias.

Sempre que entro em transe (desdobramento) para me encontrar com os espíritos que psicografam comigo, sou levado à Amor e Caridade. Ainda não sei o real motivo por que, sempre que vamos escrever algum livro, sou levado para lá. Espero que Amor e Caridade seja a minha próxima morada!

Marques então se aproxima para me cumprimentar.

Na entrada da colônia, há um imenso portão que separa Amor e Caridade do espaço que há entre o plano físico e o espiritual. Há um enorme muro que cerca toda a colônia. Eu já havia perguntado ao Daniel sobre aquele muro que relatei nas psicografias anteriores, mas para não deixar vocês curiosos, relato aqui: o muro é para proteger a colônia de espíritos mal-intencionados que tentam, a todo momento, invadir o lugar de luz. As colônias espirituais são cidades de luz, e espíritos que não se afinam não podem entrar. Por isso, em volta das Colônias, existem esses muros e, ainda mais, existem espíritos chamados de guardiões, que cuidam e protegem as colônias, como relatado no livro *O Guardião da Luz*.

É como aqui, para proteger o patrimônio, temos a polícia ou seguranças. Assim é a vida espiritual, um reflexo de tudo o que temos aqui.

Logo que cheguei, fui recebido por Marques.

– Seja bem-vindo, Osmar – diz Marques se aproximando.

– Eu é que agradeço a mais uma oportunidade de estar com vocês, Marques.

– Venha, meu rapaz, eu vou te levar para se encontrar com a Nina.

– Estou ansioso, e obrigado pelo "rapaz".

Marques é de estatura mediana, cabelos curtos e barba bem feita. Olhos castanhos e muito simpático, embora acelerado.

Caminhamos até o prédio da regeneração. Esse prédio é um dos maiores que existe em Amor e Caridade. A base do prédio é redonda e ele tem uma pirâmide onde se pode ver uma luz que desce do céu (espaço que não compreendo) e entra na cúpula do lugar.

A cor é esverdeada, assim como todos os outros prédios da colônia.

Caminhamos por cerca de dez minutos por uma longa e larga avenida. Pude ver vários prédios e muitos espíritos sentados sobre os gramados extensos, parece que descansam. Jovens, meninas, meninos, idosos, rapazes e moças. Todos, com um sorriso no rosto, cumprimentam a mim com um gesto de cabeça.

A roupa parece ser única, todos vestem uma espécie de bata que cobre todo o corpo, algumas brancas, outras azuis, lilás, rosas, amarelas, e umas de uma cor que parece branco, mas é mais branco que o branco, não sei se me fiz entender. As coisas, nas colônias, são diferentes e lindas.

Alguns usam calça comprida branca e um jaleco daqueles que usamos no centro espírita. Mas a maioria veste essa túnica que cobre todo o corpo.

– Marques, eu posso te fazer uma pergunta?

– Claro que sim, Osmar.

– Há quando tempo você está na vida espiritual?

– Há uns cento e trinta anos, aproximadamente, é que aqui nós não contamos tempo, sabe como é né?

– Sim, eu sei, se a vida é eterna, para que contar tempo?

– Isso, meu rapaz.

– Mas como se define o tempo por aqui? se é que vocês precisam de tempo, ou espaço de tempo.

– O tempo aqui é relativo. Quando precisamos contar tempo para alguém ou por algum motivo, esperamos o que está por acontecer de fato acontecer, simples assim.

– Você pode me explicar melhor?

– Sim. Vou dar-lhe um exemplo muito comum aqui.

– Pois não, Marques!

– Quando um espírito chega aqui muito angustiado pelo desencarne, o que é muito comum, nós lhe explicamos que a vida na terra cessou e que agora ele está na vida espiritual. A primeira coisa que acontece é o espírito se arrepender de ter perdido tanto tempo com coisas inúteis à sua evolução pessoal, sim! Porque a evolução é pessoal e intransferível. Assim, após receber a notícia, logo o espírito que acabara de chegar entra em estado depressivo e nós, pela experiência que temos, sabemos que ele tem o tempo dele para superar seus traumas. Assim, o tempo é relativo para os espíritos que se encontram aqui.

– Cada um tem seu tempo.

– Isso, cada um tem o tempo certo para se estabilizar e refazer aquilo que deixou para trás quando encarnou.

– Quer dizer que, quando eu encarno, deixo para trás meus planos?

– Não, você encarna justamente para realizar seus planos. O problema é que vocês demoram a acreditar n'Ele, e assim atrasam sua evolução. A encarnação nada mais é do que uma oportunidade evolutiva.

– Para todos?

– Sim, para todos. Alguns se desviam e paralisam a evolução, mas receberão outra oportunidade.

– Isso eu já aprendi.

– O que aprendeste?

– Oportunidades! Elas não podem ser desperdiçadas.

– Muito bem, Osmar, não desperdice as suas oportunidades.

– Marques, e uma pessoa que errou a vida inteira e só descobre que é eterna quando está velha e cansada, ela pode reparar seus erros?

– Basta um pedido de perdão sincero para Ele perdoar seus erros.

– E os pecados, Ele também perdoa quando pedimos com sinceridade?

– Ele é amor, perdão e misericórdia. Sempre foi e sempre será assim.

– Então vale a pena pecar a vida inteira e se arrepender no final?

– Pecar é uma coisa, perdoar é outra. Se você errou a vida inteira e pediu perdão a Ele com sinceridade, eu tenho certeza de que ele vai te perdoar. Agora, se você pecou a vida inteira, eu não posso te garantir o perdão do Pai.

– Entendi Marques, errar é uma coisa, pecar é outra.

– Isso, errar é quando você faz algo sem intenção, sem conhecimento. Agora, pecar é transgredir a Lei Maior. E essa segunda opção que você citou é contrariar as Leis Maiores consciente.

– Você tem razão, Marques, e como reparar o pecado?

– Refazendo o caminho.

– Reencarnando?

– Algumas vezes, sim, outras, não!

– Você pode me explicar melhor?

– O que você acha que estamos fazendo aqui nas colônias?

– Trabalhando, ué!

– Reparando nossas falhas, Osmar. Refazendo o caminho e consertando as nossas falhas, além disso, é claro, auxiliando o Criador.

– Quer dizer que eu poderei reparar as minhas falhas reencarnando ou trabalhando em uma colônia?

– Isso, meu rapaz, é isso. Se você for útil em uma colônia e merecedor dela, serás aproveitado na colônia. Se tuas falhas precisam ser reparadas na encarnação, você vai reencarnar e reparar todos os seus erros.

– Amor divino, né, Marques?

– Amor pelos seus filhos, misericórdia divina, Osmar.

– Como é bom ser o portador desses ensinamentos, obrigado, Marques!

– De nada, meu amigo.

– Marques, você está sabendo por que eu estou aqui?

– Sim, sei.

– Você está sabendo que alguém puxou minha perna enquanto eu dormia e que esse espírito tinha garras como de uma onça?

– Sim, a Nina me contou!

– Pois eu não sei por que isso aconteceu comigo!

– A Nina vai te explicar, fique tranquilo.

– Estou ansioso para saber isso.

– Estamos chegando, venha!

Marques abre a porta principal e entramos juntos no lindo prédio da regeneração.

No hall de entrada, há um enorme balcão onde dois jovens fazem a triagem. Vários espíritos aguardam para ser atendidos.

Os jovens cumprimentam Marques com um sinal de cabeça e permitem que entremos pela porta lateral que dá acesso a um extenso corredor onde há várias salas.

Alguns espíritos estão sentados em bancos ao lado dessas portas esperando serem chamados para o atendimento. Marques segue em passos firmes e rápidos à minha frente. Eu, meio que desesperado, corro atrás dele. Finalmente ele para diante de uma porta onde pude ler: Diretoria. Marques então abre a porta e permite a minha entrada.

– Entre, Osmar.

Na sala, estavam Daniel, Nina e um rapaz que me foi apresentado de nome Silas. Lembrei-me dele na psicografia de outro livro.

– Olá, Silas.

– Seja bem-vindo, Osmar – diz ele com um leve sorriso no rosto.

– Oi, Nina – disse.

– Sente-se, Osmar.

Antes de me sentar, beijei a mão de Daniel, que sorria gentilmente para mim.

– Obrigado pela oportunidade – disse-lhes.

– Nós é que agradecemos – disse Silas.

Marques pede licença após se despedir de mim.

– Obrigado, Marques, pelo carinho e pelos ensinamentos.

– De nada, Osmar, até breve. Senhores, com licença – diz Marques, deixando a sala.

Nina olha para mim e me pergunta sobre o Silas.

– Você se lembrou do Silas, Osmar?

– Sim, eu o conheci a um tempo atrás.

– Pois bem, eu, você, o Silas, e mais alguns companheiros voltaremos ao Umbral – disse ela.

– Você me disse que vai me mostrar mais uma missão no Umbral, não é isso Nina?

– Nina não tem propriamente missões no Umbral, Osmar – disse Daniel, interrompendo nossa conversa, – ela é voluntária nos resgates do Umbral. O que a Nina vai te contar, te ensinar e te mostrar é a importância do perdão, mesmo em regiões tão densas, Osmar.

– Entendi, Daniel.

– Ela vai lhe mostrar algumas coisas muito importantes para todos que precisam saber mais sobre o Umbral. Osmar, quando você atinge um determinado estágio evolutivo, você fica dispensado de determinadas tarefas na vida espiritual, mas Nina faz questão de auxiliar os que mais necessitam. E ela tem motivos próprios para estar sempre auxiliando aqueles que sofrem no Umbral. Nessa viagem, especialmente ela tem um motivo muito pessoal para estar lá.

– Nós vamos voltar àquela região de sofrimento, Nina?

– Sim, vamos voltar onde tudo começou.

– Nossa! E quando partiremos?

– Breve, Osmar, estamos organizando a equipe, esteja preparado para nos acompanhar.

– Não vejo a hora, Nina.

– Silas, você não quer passar nenhuma recomendação para o Osmar? – disse Daniel.

– Sim. Preste atenção, Osmar. Durante o período dessa psicografia, você não poderá comer carne de animais.

– Deixar de comer carne é um prazer para mim, Silas.

– Você pode se alimentar de peixes, Osmar – disse-me ele.

– Por que tenho que fazer isso? Por que tenho que seguir esse preceito? Ou essa regra, sei lá.

– Você vai precisar estar em condições psíquicas perfeitas para entrar conosco no Vale da Morte.

– Meu Deus, que lugar é esse?

– Calma, Osmar, nós vamos estar com você – disse Nina preocupada.

– Eu confio em você, Nina. Aliás, perdoem-me senhores, eu confio em todos vocês!

Silas então prossegue:

– Você tem que evitar aborrecimentos, tristezas e, principalmente, você deve estar descansado. Será uma viagem cansativa e com muitas surpresas. O Vale da Morte é uma região de muito sofrimento e você precisa estar bem.

– Certo, Silas, vou seguir as suas orientações.

– Procure descansar. Eu mesmo vou te buscar para darmos início à caminhada que vai durar sete dias.

– Mas não são cinco dias?

– Cinco dias permaneceremos no Umbral, um dia para ir, e mais um dia para voltar, totalizando sete dias de missão.

– Certo, estarei pronto.

Nina me olha preocupada.

Daniel permanece calado.

– Está tudo bem, Osmar? – pergunta-me Nina lendo os meus pensamentos.

– Sim, Nina, eu estou bem! Mas posso lhe perguntar outra coisa?

– Sim.

– Das outras vezes que fomos ao Umbral, chegamos lá no mesmo dia, em desdobramento vocês me levaram e, quando percebi, estávamos dentro do Umbral. Agora, tem essa regra de um dia para ir e mais um dia para volta, perdoe-me, mas não entendi muito bem isso.

– O lugar que iremos é o Vale da Morte, e ele fica muito longe da região que fomos anteriormente. O Umbral é enorme, Osmar. Sua dimensão é incalculável. Embora eu tenha dito que voltaremos ao mesmo lugar, na verdade, eu quero dizer que voltaremos ao Umbral.

– Obrigado pela explicação Nina, eu compreendo, e perdoe a minha indiscrição, é que fico ansioso para conhecer e relatar cada ensinamento trazido por vocês. Há milhares de leitores ansiosos para lerem tudo sobre você e sobre o Umbral.

– Então faça assim, vá com o Silas, volte para a sua casa. Descanse que, em breve, Silas irá te buscar – disse Daniel.

Levantei-me sem nada mais questionar, e voltei para a minha casa acompanhado do Silas.

Naquela noite, demorei a dormir preocupado com essa missão de volta ao Umbral, mas eu confio muito em Nina e nos demais espíritos e tenho certeza de que teremos um lindo ensinamento nesse livro.

Na verdade, ser médium é um privilégio inexplicável. Sou muito grato a esses amigos espirituais e a Deus por me permitirem esse dom, esse verdadeiro privilégio, como disse acima. Sou grato também pelas orientações que recebo todos os dias, sem elas, certamente eu já teria me perdido, pois não é fácil administrar tudo isso.

Voltei à rotina de meu lar, esperando pelo chamado dos espíritos amigos para escrever mais esse livro.

Passaram-se alguns dias até que eles finalmente me procuraram para começar a psicografia. Mantive-me em oração e cuidando do sono e da alimentação, conforme a orientação do Silas. Compreendi que realmente o tempo é relativo para os espíritos.

Mas naquela noite, após ser avisado de que, no dia seguinte, começaríamos a escrever, confesso: não dormi.

"

O amanhã é o esforço do hoje.

Osmar Barbosa

"

Dia 1

Dia 1

Naquela manhã, eu mal conseguia ficar de pé, passei a noite em claro. Após aquelas revelações, eu mal consegui dormir, estava muito ansioso, afinal, é o terceiro livro da saga *Cinco Dias no Umbral.* O que viria agora? Quais eram as revelações? "Perdão", como assim? E Nina, será que ela vai sofrer nessa nova viagem? Cansado mas confiante eu me dirigi ao lugar onde faço as psicografias. Sentei-me, fiz uma prece, Silas me apareceu como sempre, sereno e com um olhar um pouco diferente. Rapidamente, em desdobramento, fui levado até a Colônia Espiritual Amor e Caridade. Logo que chegamos, nos encontramos com o Marques, que nos recebeu no portão da colônia. Ele e Nina me levaram novamente à mesma sala, onde estavam sentados me aguardando Daniel e Lucas. Estavam todos quietos, sérios, mas demonstrando serenidade.

– Seja bem-vindo, Osmar – disse Daniel.

– Eu é que agradeço essa oportunidade.

– Sente-se, Osmar – disse Lucas.

– Obrigado, Lucas.

– Teremos, agora, nossa última conversa antes de sairmos para o Umbral, Osmar – disse Silas.

– Quais são as recomendações, meus amigos?

– As primeiras recomendações que te passamos, você seguiu corretamente. Parabéns! – disse Silas.

– Falando nisso, por que é que eu tive que seguir esses preceitos que você me pediu, Silas? A Nina já me explicou um pouco sobre isso, mas eu, sinceramente, gostaria de ouvir de você. Desculpe-me insistir, lembro que você me falou algumas coisas, mas ainda estou com dúvidas. Por que isso? Por que não comer carne?

– Osmar, o médium, como sabes, é o meio de comunicação entre os planos. A psicosfera física do aparelho que utilizamos para as comunicações precisa estar em conformidade com o estado do espírito comunicante, assim, como nós não ingerimos mais nenhum alimento, é necessário que o veículo esteja em harmonia e que exale boas vibrações para que possamos interagir de forma mais salutar e mais consistente. Estando o aparelho bem sintonizado, conseguimos passar a mensagem com mais precisão. Entende?

– Quer dizer que não comer carne ajuda nas comunicações?

– Sim, e muito. – disse Nina.

– Então todos nós deveríamos ser vegetarianos.

– A humanidade caminha nessa direção, Osmar – disse Daniel.

– Vou ser mais vigilante quanto a isso, prometo a vocês. E peço novamente desculpas por insistir nesse assunto.

– Sem problemas, Osmar – disse Silas.

– Essa informação é relevante, Osmar. Sempre que você tiver alguma dúvida e ela for relevante, não se iniba em perguntar, estamos aqui para isso.

– Obrigado mais uma vez, Nina.

– Marques, você organizou a caravana?

– Sim, Daniel!

– Quem vai nessa missão?

– Silas, Nina, Rodrigo, Lucas, Nicolas, Ventania e Negro.

– De todos, o Rodrigo e o Nicolas não estão aqui. Onde eles estão, Marques? – perguntou Lucas.

– Eles estão nos esperando no portão da colônia. Os cavalos já estão preparados.

– Senhores e senhorita, prestem muita atenção nessa viagem, sigam sempre os seus instintos, pois são eles que vão protegê-los e vos guiar. Tragam o meu amigo que espera por seu resgate, que nossa mentora espiritual possa ser a luz da caminhada que se inicia neste dia. Peço que todos fiquem de pé para que eu possa proferir uma prece – diz Daniel ficando de pé.

Todos se levantam e dão as mãos. Daniel se coloca à frente, fecha os olhos, junta as suas mãos ao peito e profere uma linda prece.

– Querido Deus, pedimos vossa permissão para caminharmos no Vale da Morte. Rogamos a ti, Jesus, por proteção. Que não nos falte luz para caminhar, fé para vencer e esperança para encontrar aquele que precisa do auxílio de nossa colônia. Querida mentora espiritual, vós nos entregastes a missão de amor ao próximo, rogamos por vossa luz nesse dia. Que não falte coragem para recomeçar, humildade para servir e amor para espalhar vossa divina luz por onde passarmos.

Que Deus esteja com todos. Que Jesus e os guardiões possam auxiliar esses amigos que descem às regiões mais densas da espiritualidade para socorrer quem precisa de luz.

Que assim seja!

Todos dizem: – Que assim seja!

Nina abraça Daniel e todos repetem o gesto. Eu humildemente me aproximo do iluminado mentor e lhe agradeço por aquele dia.

Emocionados, saímos da sala e nos dirigimos até o portão principal de Amor e Caridade.

Ao longe, eu pude ver que Rodrigo e Nicolas estavam nos esperando, havia um total de nove cavalos, todos selados, esperando para nos servir naquela viagem.

Rodrigo, como sempre, estava muito bem vestido, seus cabelos revoavam ao vento quente que soprava naquele lindo lugar. Nicolas é um jovem de aproximadamente vinte e sete anos.

– Bem-vindos, amigos! – diz Rodrigo.

– Sejam muito bem-vindos – disse Nicolas. Encabulado, aproximei-me de Rodrigo e o abracei.

– Bem-vindo, Osmar.

– Obrigado pela oportunidade que vocês estão me dando nesse dia – disse-lhes.

– Nós é que agradecemos por você permitir que usemos sua mediunidade para mostrar aos encarnados como funcionam as coisas na vida espiritual.

Lucas se aproxima de nós.

– Obrigado, Lucas.

Nina chega e abraça Rodrigo.

– Das outras vezes, você contou em segunda pessoa o que viu, mas nessa, como conversamos, precisamos que você participe efetivamente de tudo o que vai acontecer por aqui, Osmar, e mostre que mediunidade é um exercício diário, e que quando o médium se dedica exclusivamente a seu trabalho mediúnico, tudo se torna mais real, tudo fica mais claro e mais fácil compreender. Quando o médium se entrega e se transforma, todos são agraciados – diz Nina.

– Obrigado, Nina. Às vezes, eu fico receoso em relatar o que experimento na primeira pessoa. Sabes como é, né, Nina, as pessoas demoram a confiar umas nas outras.

– Já te ensinamos que o que as pessoas pensam é problema delas. Siga com a sua missão que é levar essas informações a muitas almas sofridas que precisam desses esclarecimentos para se tornarem pessoas melhores e, melhor ainda, precisam compreender como são as coisas após a vida terrena. Essa é nossa intenção, esse é o nosso objetivo. Faça a sua parte que nós faremos a nossa – disse Rodrigo.

– Enquanto Deus me permitir, estarei aqui para levar essas linhas onde elas possam alcançar. Espero sempre ser útil a vocês e a todos aqueles que precisarem de mim.

– Parabéns, Osmar – disse Nina.

– Agora escolha o seu cavalo, Osmar – disse Silas.

– Eu escolher, como assim?

– Pegue esse, Osmar – disse Rodrigo me entregando a rédea de um lindo cavalo marrom com manchas brancas espalhadas pelo corpo.

– É preciso mesmo andar a cavalo? Não estou muito acostumado!

– Viajaremos por um dia inteiro, é muito distante o Vale da Morte – disse Lucas. – E você está desdobrado, lembre--se sempre disso.

– Tem alguma diferença quando estamos desdobrados?

– Seus sentidos ficam mais aguçados, Osmar – disse Rodrigo, que ouvia tudo perto de mim.

– Confesso que já havia observado isso.

– Você precisa estar bem sutil para poder ver, sentir e participar de tudo o que lhe mostraremos.

– Obrigado, Rodrigo, por tudo isso.

– De nada.

– Eu posso te fazer mais uma pergunta?

– Sim, claro, fique à vontade.

– Como esses cavalos vieram parar aqui, Rodrigo?

– Tudo o que existe no plano físico existe também nas cidades espirituais. Aqui, só não temos veículos como automóveis, trens, ônibus, veículos que dependam de produtos químicos para funcionar, tudo aqui é fluídico e, sendo assim, são naturais. Aqui temos paredes, ruas, avenidas, árvores, escolas, hospitais, prédios e tudo o que é necessário para os espíritos que estão aqui. Tudo é feito por um processo que só os espíritos mais evoluídos sabem fazer. Espíritos antigos, milenares. É uma condensação fluídica que só eles sabem fazer. A missão desses abnegados espíritos é a formação dessas cidades espirituais, essas colônias, como você já pode ver em algumas de suas psicografias. Na verdade, assim quis o Criador. Os cavalos são uma dessas condensações que eles nos ensinaram a fazer. Eles nos permitiram a formação de algumas moléculas necessárias e, com a força de nosso pensamento, elas se condensam como um cavalo, simples assim! Somos, Osmar, cocriadores, lembre-se sempre disso! Mas somos ainda muito limitados.

– Você pode me explicar melhor?

– Sim, preste atenção. Quando você retorna à vida espiritual, você se reconhece como é, ou seja, espírito eterno.

Estamos no universo por milhares de séculos, Osmar, e tudo o que fizermos se somatiza ao nosso Ser. Assim, alguns de nós já conseguimos a evolução necessária para condensar um cavalo, por exemplo, simples assim!

– Simples, Rodrigo?

– Sim, simples assim. Tudo o que você toca e vê aqui é uma condensação do fluido que Deus permitiu aos espíritos criarem, somos nós que condensamos os fluidos já existentes para formar as coisas que você vê, usa e sente quando está aqui.

– Meu Deus – disse-lhe.

– Não se preocupe com isso, Osmar, todos os espíritos, quando chegarem aqui, se encontrarão com essa realidade.

Ela é igual para todos – disse Nina.

– Na verdade, estou maravilhado com tudo o que vejo aqui. Às vezes, tenho vontade de não voltar para casa e ficar aqui com vocês. Essas informações são preciosíssimas.

– Trabalhe bastante para merecer isso, Osmar – disse Nicolas – e divulgue o que te ensinamos.

– Sempre, Nicolas.

– Senhores, podemos conversar enquanto cavalgamos? Vamos? – sugere Rodrigo.

– Vamos, Rodrigo! – diz Nina.

Todos montam em seus cavalos e começamos a cavalgar. O dia é de sol, as árvores da linda estrada são de folhas coloridas, eu pude ouvir e ver pássaros cantando, as nuvens, brancas como neve, tentam ofuscar a luz laranja do belo sol daquela manhã. Confesso a vocês que nunca senti nada igual, há uma paz inexplicável dentro da gente. Por alguns minutos, eu permaneci calado escutando a voz do meu coração, que, alegre, sorria por dentro. É impressionante o plano espiritual. Como é diferente, até o ar que respiramos naquele lugar é muito diferente.

Permaneci calado, curtindo a mim mesmo por alguns minutos. O mais impressionante é que os espíritos que estavam comigo naquela cavalgada permaneciam calados como se me deixassem experimentar aquela sensação incrível daquele lugar. Eles participavam da minha alegria interior, eu podia sentir isso!

Ao me despedir de Marques, lembrei das palavras finais que ele me disse:

– Osmar, aproveite ao máximo essa viagem... Após quase meia hora, eu me dei conta de que faltavam Ventania e Negro na nossa comitiva, e perguntei para Rodrigo onde eles estavam.

– Rodrigo, onde estão Ventania e Negro?

– Eles estão nos esperando no portal do Umbral.

– Por que eles não vieram ao nosso encontro?

– Ventania é o guardião de Amor e Caridade, ele e o Negro têm muito trabalho, combinamos que seria assim esse encontro.

– Posso te perguntar outra coisa, Rodrigo?

– Sim!

– Quando é que podemos escrever mais um pouco sobre você, sobre suas vidas encarnado?

– Breve, muito em breve, eu vou lhe contar mais um pouco sobre mim, por ora, vamos contando a saga *Cinco Dias no Umbral*.

– Saga, como assim?

– Serão cinco livros, Osmar – disse Nina entrando na conversa e aproximando o seu cavalo do nosso.

– Cinco livros?

– Sim, cinco livros, Osmar – disse Lucas.

– Nossa, eu nunca imaginei escrever um livro, imagina uma saga!

– Você ainda tem muito trabalho pela frente.

– Espero viver tempo suficiente para terminar minha tarefa com vocês.

– O tempo é o senhor da razão, Osmar – disse Nicolas.

– É verdade, Nicolas, nós temos que aprender a esperar as coisas acontecerem.

– Elas acontecem no tempo certo, Osmar – disse Nina.

– Verdade! – concordei.

– Deus tem o tempo dele. – diz Nicolas.

Já havia se passado algumas horas e estávamos ali, cavalgando lentamente e conversando sobre as coisas da vida espiritual.

Todos estavam felizes, só Nina é que estava mais calada.

– Você está quieta, Nina, o que houve? Posso ser útil em alguma coisa? Desculpe, mas você não está tão alegre como de costume.

– É por que o Felipe não pôde nos acompanhar nessa caminhada, Osmar. – disse Rodrigo.

– O que houve com ele, Nina?

Eu nem tinha percebido a ausência do Felipe. Como sou tonto!

– Ele está em uma missão de socorro a espíritos afins que desencarnaram após um grave acidente.

– Que coisa triste, Nina.

– Sim, triste para os que ficam, mas feliz para os que chegam!

– Não havia pensado assim!

– É triste para quem não acredita na vida eterna, Osmar, porque por mais que você esteja evangelizado, há sempre a incerteza da continuidade da vida. Até os sacerdotes mais experientes temem a morte.

– Por que é assim, Nina?

– Se não fosse assim, a encarnação não seria útil.

– Verdade! – disse-lhe.

– Você ama muito o Felipe, Nina?

– Sim, eu o amo muito, mas você tem que tentar compreender que o amor como você conhece não existe aqui. O amor aqui é diferente!

– Como assim, Nina?

– O amor é algo muito maior do que vocês encarnados conhecem. O amor é o sentimento mais perfeito criado por Deus. O amor é profundo, é completo, irradia luz por onde passa, enaltece a alma, abranda corações, repele o mal, preenche os vazios, nos dá a felicidade plena e, por fim, completa o espírito.

– Como assim, completa o espírito?

– Quando você conhece o verdadeiro amor, ele toma todo o seu Ser. Ao preencher seus vazios, ele irradia o que há de bom em você para todas as criaturas. O amor aprofunda os sentimentos, esclarece as dúvidas existenciais e aproxima a alma ao criador. E, além disso, o amor perdoa e esclarece as dúvidas do espírito.

– Nossa, que lindo, Nina.

– É esse o amor que sinto pelo Felipe, Osmar!

– Eu sinto algo parecido, Nina.

– Olha que bom! E é por quem todo esse amor?

– Pelos meus filhos, Nina. Pela minha família, na verdade.

Eu vou te confessar uma coisa: Eu sofro muito com tudo o que vejo ao meu redor, acho que poderíamos amar mais as pessoas, os animais, a Criação, enfim, amar mais as coisas de Deus. Respeitar, sabe? O mundo em que vivo está muito distante de compreender o amor. Há muita inveja, muita ganância, muito desamor.

– Isso é bom, Osmar, isso te diferencia das demais pessoas ao seu redor.

– Não sei nem se devo deixar essas palavras registradas nesse livro.

– Tudo o que você escreve quando está conosco é porque nós o intuímos a escrever, lembre-se. Você está em desdobramento, portanto, deixe escrito, se não compreenderem, como disse, não é problema seu – disse Rodrigo entrando na conversa novamente.

– Não sei se devo, as pessoas são muito preconceituosas.

– Escreva, Osmar, escreva – diz Nina.

– Lá vem você com essa frase, Nina.

– Ouça o que diz o Rodrigo, você está desdobrado, sendo assim, nós somos os responsáveis por suas palavras.

– Está bem, Nina.

– Olhem quem está à frente – diz Lucas.

Levantei o meu olhar e pude ver uma das coisas mais lindas da minha vida.

Havia uma linda caravana de ciganos à nossa frente. Eles estavam descansando, parecia que seguiam viagem para algum lugar.

Dezoito carroças faziam um enorme círculo e, ao centro uma fogueira. Crianças corriam de um lado para o outro, todas vestidas como ciganos. As roupas, em sua maioria, eram brancas, algumas ciganas usavam saias rosas e blusas brancas. Os rapazes, sentados próximos às carroças, cantavam tocando um violão diferente, que parecia feito de cabaça ou algo assim, parecia bandolim, para dizer a verdade. Havia, ao centro, uma enorme cabana de cor verde. Sentado à porta estava um senhor que reconheci de longe, tratava-se do Ruí, pai do cigano Rodrigo, que estava ao meu lado.

– Olhe, Rodrigo, é o seu pai!

– Sim, meu velho pai e seu grupo.

– O que fazem aqui?

– Eles não conseguem se fixar em nenhuma colônia, vivem como viveram quando encarnados, embora a base deles seja em Amor e Caridade.

– Vivem nas estradas?

– Sim, são os donos dos caminhos entre as colônias. São os ciganos, os índios e outros amigos, os guardiões das estradas que ligam as colônias.

– Nossa, que legal, Rodrigo. E você vive assim como eles?

– Sim, eu estou sempre por perto de Amor e Caridade, que é onde eu tenho mais vínculos, assim como o meu pai, mas, normalmente, estou com os meus familiares e amigos ciganos, pelas estradas infinitas da espiritualidade. Solto ao vento como somos os ciganos.

– Quantas encarnações você viveu como cigano?

– Todas!

– Todas as suas encarnações você foi cigano?

– Sim, eu nunca encarnei fora de uma tribo cigana!

– E isso pode?

– O melhor de você é o que serve aqui.

– Como assim, Rodrigo?

– Se sua melhor parte foi ser cigano, você será cigano para sempre, a não ser que você deseje ser outra coisa. Como eu nunca desejei ser outra coisa, fui e serei sempre cigano.

– E isso pode?

– Sim, tudo aqui é merecimento, Osmar, merecimento!

– Entendi. Obrigado!

– Venha, vamos tomar um chá e descansar nossos cavalos, afinal já estamos na metade do caminho.

– Vamos, sim.

Nos aproximamos do grupo de ciganos que dançavam felizes ao som daqueles instrumentos. Meninas lindas e rapazes bem vestidos, todos alegres. Fiquei encantado e emocionado com a união e o amor daquelas pessoas. Uma alegria contagiante.

Ao nos avistar, Ruí se colocou de pé com as mãos na cadeira, nos esperando, afastando-se do grupo que dançava.

– Olhe, Rodrigo, seu pai já nos viu!

– Ele estava nos esperando.

– Ele sabia que estávamos nessa estrada?

– Sim, na verdade, todos estão nos esperando para o descanso.

– Descanso com essa festa?

– Os ciganos são assim, Osmar, basta uma pausa nas tarefas para dançar e comemorar a vida. Aliás, todos os espíritos, quando chegam à vida eterna, vivem nesse estado de espírito.

– Alegria?

– Sim, sempre alegres!

– Tenho inveja de vocês!

– Sejam bem-vindos, rapazes – disse Ruí se aproximando de nosso grupo.

– Obrigada, Ruí – disse Nina descendo de seu cavalo.

Ruí se aproxima da Nina e a auxilia a descer do animal. Ele é alto, cabelos grisalhos, barba bem-feita, roupa colorida. Seu corpo é atlético, e seu sorriso largo o diferencia dos demais presentes.

Todos descemos dos cavalos e fomos levados por Ruí e duas jovens ciganas para perto de uma fogueira. Haviam troncos de madeira que serviam de bancos para todos se sentarem.

Logo quatro rapazes muito jovens se aproximaram de nós, trazendo bandejas nas mãos com copos cristalinos contendo chás preparados pelas ciganas.

Nina foi a primeira a ser servida, logo em seguida, todos nós pegamos um copo de chá.

– Rodrigo.

– Sim.

– Posso lhe perguntar por que esse chá?

– Na verdade é um chá fluídico, como já te expliquei como são as coisas aqui.

– Sim, mas não tem gosto de nada!

Risos.

– Já foi um milagre os ciganos conseguirem condensar fluidos para fazer o chá e você ainda quer que tenha gosto?

Todos riram de mim.

Envergonhado, me calei.

Nina carinhosamente olhava para mim. Logo ciganas começaram uma dança em que elas escolhiam os convidados para dançar com elas. Rodrigo foi o primeiro a aceitar o convite das ciganas e dançou por vários minutos com elas.

Quando eu percebi, todos nós estávamos dançando em volta da fogueira uma dança linda tocada na viola e em violinos. A música era encantadora. As palmas ritmavam a música alegre.

Passado algum tempo, Ruí me convida para ir atrás do acampamento. Ele queria me mostrar uma coisa.

– Venha, Osmar, eu quero te mostrar umas coisas!

Levantei-me e segui com ele para a parte de trás do acampamento.

Conheci Ruí quando quando psicografei o livro *Gitano – As Vidas do Cigano Rodrigo*.

Caminhamos uns trinta metros e chegamos na parte onde estavam os animais. Feliz e com um enorme sorriso no rosto, Ruí me mostra uma carruagem daquelas dos filmes de faroeste, que têm uma cobertura grande na parte de trás e dois lugares à frente, onde se sentam o cocheiro e um acompanhante.

– Que linda carruagem, Ruí!

– Eu mesmo a preparei para a Nina.

– Que legal, parece bem antiga!

– Ela é de 1870.

– Você a condensou?

– Sim, eu mesmo a fiz. Não quero que a Nina sinta desconforto na viagem de vocês, por isso preparei para ela. Será que ela vai gostar?

– Acredito que sim, Ruí, parabéns, realmente ficou muito bonita.

– Obrigado, Osmar.

– Ruí, como é ser cigano aqui na vida espiritual?

– Ser cigano é meu destino. Amo minha vida livre, amo as coisas criadas por Deus.

– Você é feliz aqui?

– Onde eu seria feliz se não fosse aqui? Das vezes que estive encarnado, passei por provações muito difíceis. Fui encarregado de instituir as falanges ciganas na Terra. Cumpri a minha missão, agora vivo livre pelas colônias, ajudando um aqui outro ali e assim vou vivendo, livre como os pássaros e solto como o vento. Essa é a vida que pedi a Deus e Ele me concedeu.

– Parabéns por suas conquistas.

– Siga seu caminho, meu rapaz.

– Obrigado, Ruí.

Um jovem cigano se aproximou de nós e ficou esperando as ordens de Ruí.

– Leve a carruagem, meu rapaz, eu vou presentear a Nina.

O jovem segura os dois cavalos que estão atrelados à carruagem e os conduz até a fogueira onde todos estão sentados.

Ao chegar, Nina se coloca de pé e fica visivelmente emocionada com o presente de Ruí.

– Você sempre preocupado comigo, Ruí – diz a jovem abraçando o velho cigano.

Todos ficam felizes. Rodrigo, então, nos convida a montar em nossos cavalos e seguirmos antes que escureça.

Nos despedimos dos ciganos com abraços, sorrisos e muita música.

Silas se tornou o cocheiro de Nina que, sentada a seu lado, sorria enquanto caminhávamos pela estrada que dá acesso ao Umbral.

Alegres, os ciganos se despediram de nós dançando uma música feita exclusivamente para as despedidas.

Alguns choravam, outros cantavam a linda melodia.

– Seu pai é muito gentil, Rodrigo!

– Sim, ele é um grande cigano.

– Você sempre foi filho dele, Rodrigo?– perguntei.

– Sim, em todas as minhas encarnações nasci como filho de Ruí.

– Posso te perguntar outra coisa? E aproveito para me desculpar.

– Desculpar-se de quê?

– Toda hora eu fico te fazendo perguntas.

– Você está desdobrado, lembre-se disso. A maioria das perguntas somos nós que intuímos você a fazer, assim passamos adiante as informações que necessitamos.

– É assim que funciona?

– Noventa por cento das suas decisões são tomadas por nossa interferência.

– Sério?

– Sim, suas e de todos que estão lendo essas linhas.

– Quer dizer que somos guiados por vocês a todo tempo?

– Muito mais do que imaginas.

– Então eu posso lhe fazer perguntas à vontade?

– Sim, claro que pode!

– Então vamos lá.

– Vamos!

– Já estive várias vezes aqui na colônia psicografando vários livros e eu nunca vi Tirá, a sua irmã.

– Tirá seguiu seu destino ao lado de Jorge da Capadócia.

– Quer dizer que ela está ao lado dele?

– Sim, ela é o grande amor da vida dele, e ele, o grande amor da vida dela.

– Você não a vê?

– Sim, sempre que sentimos saudades dela, eu e meu pai vamos até a colônia em que ela vive e nos encontramos.

– Isso é possível aqui?

– Se te for permitido, você poderá fazer muitas coisas aqui, Osmar.

– De novo o merecimento?

– Sim, merecimento.

– E os que não merecem, como ficam?

– Sofrem – disse Rodrigo.

– O que fazer para não sofrer aqui?

– Respeite as leis divinas.

– E onde estão escritas as leis divinas?

– As leis divinas não estão escritas em nenhum lugar, elas estão dentro de você.

– Aqui dentro de mim?

– Sim, dentro de você.

– É verdade, sempre que fazemos alguma coisa errada a nossa consciência nos cobra uma atitude correta. Existem pessoas que não se arrependem, Rodrigo?

– Existem pessoas ignorantes, mas, no momento certo, elas se arrependerão.

– Compreendo, quer dizer que aquelas pessoas que não se arrependem por terem praticado alguma coisa que contraria as leis divinas, no momento certo, elas terão conhecimento suficiente para se arrepender?

– Todos os seres da criação estão em evolução, alguns despertarão mais cedo para as leis divinas, outros vão demorar um pouco para se compreenderem como espíritos eternos. Mas todos compreenderão um dia o propósito do Criador.

– Entendi, tudo tem o tempo certo para acontecer, é isso?

– A humanidade caminha para a perfeição, destino de todos os espíritos. Isso já foi escrito.

– Encarnados e desencarnados, é isso?

– Sim, em todos os lugares do universo há espíritos, e todos os espíritos caminham para a perfeição.

– Que bom!

– Ele assim o fez.

– Ele é perfeito, não é, Rodrigo?

– Você ainda não faz ideia do que é perfeição.

– Sério?

– Sim, você está vendo essa estrada?

– Sim.

– Você consegue ver o fim dela?

Olhei, naquele momento, e eu não conseguia ver o fim da estrada em que estávamos cavalgando lentamente. Ela era muito longa.

– Não – respondi.

– Assim é a vida, Osmar, uma longa estrada da qual você desconhece o final.

– Ensinamento cigano?

– Sim, pegue sua carroça, junte o que lhe é útil e os amores que podes carregar, siga na direção da luz, se algo cair, deixe no chão, se caiu é porque não te pertence mais. Assim todos evoluirão para a perfeição.

– Obrigado, Rodrigo, vejo que estou muito longe de compreender as coisas de Deus.

– Nós também, Osmar, nós também estamos nessa caminhada.

– Quanta humildade a sua, Rodrigo.

– Humildade, não, lucidez!

– Verdade, obrigado por você me ensinar tudo isso.

– Escreva, Osmar, escreva...

Todos riram de mim, inclusive os que estavam calados...

– Vamos, senhores, está escurecendo e precisamos chegar ao portal – diz Silas, acelerando a cavalgada.

– Vamos – dizem todos.

Naquele momento, nossa caminhada começou a ficar mais emocionante. Cavalgávamos em velocidade média por aquela estrada de terra batida afim de chegarmos mais rapidamente ao nosso destino.

Nina entrou na carruagem e seguimos em velocidade para o encontro com Ventania e o Negro.

Após algumas horas de galopes, os cavalos suados, diminuímos a marcha, pois o ambiente em que adentrávamos era escuro e lamacento. Não havia mais árvores, as poucas que existiam tinham seus galhos retorcidos e ressecados.

O sol já não aparecia, a lua tentava clarear a escura estrada. Os cavalos derrapavam.

– Senhores, cuidado com os animais – disse Rodrigo.

– Venham por esse canto da estrada, está mais seco e é mais seguro.

Eu olhei para frente e vi um enorme círculo meio avermelhado que engolia a estrada em que estávamos.

– O que é aquilo, Rodrigo?

– O portal.

– Que portal é esse?

– A entrada do Umbral.

– Meu Deus, como é perfeito! Quer dizer, como é lindo!

– Sim, tudo o que Deus criou é perfeito, Osmar.

– Mas é lindo, e como pode ser um lugar tão feio?

– Não faça barulho agora. Senhores, coloquem as suas capas.

– Eu não tenho capa, Rodrigo.

Imediatamente, Lucas traz uma longa capa que me cobre todo o corpo e um capuz cobre toda a minha cabeça, deixando-me totalmente camuflado.

Fizemos uma pequena parada, na verdade, nem paramos, só diminuímos o ritmo para nos vestir.

– Não façam barulho agora, senhores – disse Lucas. E cavalguem lentamente. Silas, peça a Nina para se cobrir.

– Sim, Lucas! – disse o rapaz.

Eu comecei a ficar com muito medo daquele lugar.

Lentamente, fomos cavalgando entre galhos secos que quase fechavam a estrada, mal dava para passar a carruagem que levava a Nina. Rodrigo e Lucas seguiam à frente do grupo, eu e o Nicolas íamos atrás da carruagem que levava Nina, conduzida por Silas.

Vultos passavam à nossa frente, eram espíritos que volitavam sem pernas, eles tinham apenas o tronco e os braços, eram criaturas horríveis.

Mais à frente, havia um grupo de uns oito espíritos, eles estavam em volta de uma minúscula fogueira, conversando e, ao perceberem nossa aproximação, se calaram e fixaram seus olhares em nós. Firmes e seguros, continuamos a lenta cavalgada.

Logo a estrada se tornou novamente larga e eu pude me aproximar de Lucas e do Rodrigo.

– Posso lhes perguntar uma coisa? – disse baixinho.

– Sim – disse Lucas.

– Que lugar é esse e quem são aqueles espíritos?

– Estamos muito próximos do portal. Esses espíritos não conseguem retornar ao Umbral, eles foram expulsos de lá. E ficam por aqui.

– Eles não são perigosos?

– Não, são espíritos que perderam expressão aqui no Umbral.

– Mas são tão medonhos...

– Você ainda não viu nada, Osmar – disse Rodrigo.

– E nem quero ver, meu amigo!

– Tenha calma, você vai compreender tudo o que vê por aqui, nós vamos lhe explicar – disse Lucas.

– Me protejam, hein, rapazes!

– Pode deixar – disse Rodrigo.

Àquela altura eu estava muito assustado.

– Vejam, lá está ele – disse Lucas apontando para uma enorme fogueira onde eu pude ver alguns homens em sua volta.

– Acelerem, rapazes, chegamos – disse Silas.

Galopamos ao encontro daqueles vultos.

Ao chegar, meu coração se sentiu aliviado, era ele, o Caboclo Ventania, que estava ali de pé nos esperando.

– Sejam bem-vindos, meus amigos – disse o Índio.

Descemos dos cavalos e nos aproximamos ainda mais do pequeno grupo. Haviam seis espíritos ali, o Caboclo Ventania, o Negro e mais quatro índios que eu nunca tinha visto.

Ventania, então, aproximou-se de mim e fez questão de me apresentar todos que estavam com ele.

– Osmar, esse é o Negro, que você já conhece!

Estendi a mão e o cumprimentei.

– Esses são os caboclos flecheiros que me acompanham aqui no Umbral, são os meus companheiros e cuidam da proteção que necessitamos para estar nesse lugar.

– Sempre confiei no trabalho dos espíritos, Ventania, compreendo a necessidade que há de proteção nesse lugar. Estudei muito sobre a missão de vocês e confesso que estou admirado em como vocês se dedicam a auxiliar aqueles que sofrem nas regiões periféricas do Umbral.

– Sim, a nossa missão é socorrer espíritos que não conseguem entrar no Umbral e levá-los para as colônias espirituais para receberem tratamento.

– Eu sei disso, tudo está em conformidade com a Lei Maior.

– É dando que se recebe, Osmar – disse o Negro.

– Sim, eu compreendo que vocês tiveram encarnações muito evolutivas, vocês foram os precursores da humanidade, tudo começou com os índios. Que missão nobre a de vocês! Sinceramente, eu chego a me emocionar ao encontrá-los aqui ainda auxiliando os mais necessitados.

– Vamos em frente – disse o Índio.

– Senhores, entreguem seus cavalos aos meus amigos e descansem, temos chá e um bom lugar para o descanso.

Nina, descanse na carruagem mesmo. Senhores, amanhã entraremos no Umbral para cumprir nosso destino – disse Ventania.

Todos se sentaram em volta da fogueira e começamos a beber o chá sem gosto.

Assim passamos aquela noite.

O lindo portal aceso iluminava aquele trevoso lugar.

“

Suas escolhas definem sua próxima vida.

Caboclo Ventania

”

Dia 2

Dia 2

Fortes trovões nos acordam. O céu está negro como eu nunca tinha visto. A escuridão é total. Alguns raios se atrevem a clarear a manhã escura do lugar.

O frio é tamanho.

Ventania se aproxima de cada um, acordando-os para mais um dia.

– Senhores, acordem, precisamos deixar esse lugar – diz o caboclo acelerando todos – andem, senhores, levantem-se.

Todos se levantam e arrumam suas coisas.

– Vamos, Silas, auxilie a Nina, por favor – disse Rodrigo.

– Pode deixar a Nina comigo, Rodrigo – disse Silas.

Lucas se levanta e auxilia Nicolas a arrumar suas coisas nas costas do cavalo já posicionado para a viagem.

Todos arrumam seus pertences em sacolas verdes e prendem no lombo dos animais.

A carruagem já está pronta. Nina ainda não foi vista por nenhum de nós.

O Negro está de pé à frente do grupo, de braços cruzados, esperando tudo ficar pronto para dar início à viagem.

– Vamos, senhores – diz o Negro.

Rodrigo se aproxima de Ventania para tentar compreender o porquê de tanta pressa.

– O que houve, amigo, por que tanta pressa?

– Existe um horário favorável à entrada de espíritos como nós por esse portal. Temos que chegar lá antes da chuva, que dificultará muito a nossa entrada se não conseguirmos cumprir o horário.

– Entendi. Vamos adiante, amigos – grita Rodrigo.

– Montem seus cavalos e vamos seguir, senhores – grita Ventania.

Todos sobem em seus cavalos rapidamente e o grupo começa a galopar em direção norte. Em direção ao portal ainda aceso.

A escuridão não deixa que os animais acelerem a cavalgada. Lentamente, todos seguem pela estrada escura, o único norte é a luz do portal. O vento quase não nos deixa seguir em frente.

Ventania, o Negro e Rodrigo formam a primeira fileira de cavaleiros que vai à frente da caravana.

– Você viu a Nina hoje, Rodrigo?

– Sim, Ventania. Logo que acordei, ela estava lavando o rosto atrás da carruagem.

– Ela está bem?

– Parece que sim, meio triste, mas está bem!

– Ela nem desconfia o que a espera – diz o Negro.

– E é bom que, por enquanto, ela não saiba de nada, senhores – diz Rodrigo.

– Vamos manter a discrição – disse o Índio.

– Essa estrada é perigosa, Negro?

– Uma das mais perigosas que existe aqui.

– Corremos riscos?

– Sim, Rodrigo, mas temos mais alguns amigos à frente fazendo a nossa proteção.

– Quem são?

– Amigos nossos – diz Ventania entrando novamente na conversa.

– O que nos espera?

– O que nos espera, Rodrigo?

– Sim, o que nos espera nessa viagem? – diz o cigano.

– Perigos, muitos perigos – diz o Negro.

– Eu nunca vim para essa parte do Umbral.

– Esta é a segunda vez que eu venho até aqui – diz Ventania.

– Vamos ficar atentos – diz o Negro.

– Não tem como acender uma lanterna para que os cavalos andem mais rápido?

– Não – diz o Negro.

– Qualquer luminosidade aqui é perigo para nós. Vamos seguindo a luz do portal.

– Você trouxe os colares, Negro?

– Sim, Ventania.

– E quando iremos usar?

– Ao final dessa estrada, há um descampado onde alguns amigos nos esperam. Quando chegarmos lá, trocaremos de cavalos. É nessa hora que necessitaremos usar os colares. Estaremos bem próximos ao portal.

– São os mesmos que usamos no resgate de Yara?

– Sim, são os mesmos colares – diz Ventania.

– Que colares são esses, Ventania, e por que precisaremos deles? – pergunta Nicolas, que ouvia a conversa seguindo na segunda fileira de cavalos.

– Esses colares impedem de sermos vistos por alguns espíritos que habitam esse lugar. Eles são muito perigosos e, além disso, são eles que administram esse lugar.

– E o colar nos protege?

– Sim, se nos mantivermos em silêncio em determinados lugares que iremos passar, não seremos percebidos, assim, não corremos risco algum. O que não pode é tirar o colar.

– Na última vez que estivemos no Umbral e que precisamos usar esses colares, passamos por um momento muito complicado quando Felipe, por curiosidade, tirou o colar dele – disse Rodrigo.

– O que aconteceu? – perguntou Nicolas.

– Quando você tira esse colar, você vai para o lugar que estão seus pensamentos, assim Felipe foi atraído para o plano Trevas.

– Meu Deus! E o que aconteceu?

– Não foi fácil, mas conseguimos resgatá-lo de lá – disse Ventania.

– Portanto, senhores, ao receberem o colar, não tirem em hipótese alguma.

– Pode deixar – disse Nicolas assustado.

A viagem segue lenta por algumas horas até que, ao longe, se vê alguma claridade. Rodrigo é o primeiro a ver a luz que reflete em galhos secos de imensas árvores.

A estrada parece que termina nesse vale.

Há centenas de árvores que medem aproximadamente trinta metros de altura. São muitas mesmo. Parece uma floresta que foi incendiada e que só sobraram galhos secos sem folhas. Juntos, todos chegam ao lugar.

– Vamos descansar aqui, senhores?

– Sim – diz Ventania.

Todos descem de seus cavalos que, cansados, relincham pedindo descanso.

Nina finalmente aparece.

– Bom dia, senhores!

– Bom dia, Nina.

– Onde estamos?

– Próximos ao portal, Nina. – diz Negro. – Olhe ao norte e você poderá vê-lo.

– Sim, eu posso ver o portal – disse Nina. – Ainda bem que estamos próximos. Os animais parecem cansados. O que está havendo com eles, Rodrigo?

– Não sei, Nina, realmente eles estão diferentes. Alguns cavalos se deitam como se estivessem exaustos. – Eles parecem muito cansados, não consigo entender o que está havendo – diz Silas.

Todos se preocupam com os animais. Nina desce da carruagem e começa a acariciar um deles.

– Peguem água para eles, por favor? – pede Nina.

Lucas se aproxima com um cantil e improvisa uma velha panela que estava na carruagem como bebedouro para os cavalos, que saciam sua sede bebendo da água trazida pelo jovem.

– Eles não estão bem – diz Nina assustada.

– Tenha calma, Nina, isso acontece quando esses animais se aproximam do portal, é normal.

– Normal, como assim, normal? Eles estão passando muito mal, Ventania.

– Na verdade, é um escudo protetivo para eles. Uma energia benéfica.

– Você pode explicar isso melhor, Ventania? – diz Nina.

– Sim, claro que sim. Daqui por diante, alguns espíritos não conseguem passar, há uma energia que nós não percebemos, mas que faz muito mal a esses animais. Isso foi criado para que eles não entrem pelo portal, para que não tenham acesso à essa parte do Umbral.

– Quer dizer que nós não iremos de cavalo para o Umbral?

– Não, Lucas, nós iremos com outro tipo de transporte que existe aqui. Os meus amigos estão logo à frente, daqui por diante, nós precisamos caminhar até o encontro deles.

– Não vou deixar esses animais aqui sofrendo, Ventania – diz Nina.

– Vamos tirar as celas deles. Assim, eles perceberão que terminou o compromisso deles conosco e seguirão de volta para a colônia. Fique tranquila, Nina, o instinto deles faz com que, para se protegerem, eles se afastem naturalmente dessa área.

– Vamos fazer isso rapidamente, senhores – diz Nina retirando a rédea do pobre cavalo deitado à sua frente.

Todos repetem, os animais se levantam e, um a um, voltam pela estrada escura. As palavras do Caboclo se cumprem.

Nina corre até a carruagem e solta todos os cavalos.

Ordenadamente, os animais retornam para a estrada que lhes levará de volta à Amor e Caridade.

Rodrigo, de pé, olha a luz que está um pouco distante ainda.

– Ventania, é naquela direção que temos que ir?

– Sim, lá estão os meus amigos nos esperando.

– Senhores, peguem suas coisas e vamos caminhar ao encontro dos novos amigos que nos esperam – diz o Negro.

Todos pegam suas coisas e começam a caminhar. Silas carrega a pequena bagagem de Nina.

– Venha, Nina, caminhe ao meu lado – diz Rodrigo esperando ela se aproximar.

– Senhores, caminhemos em silêncio – diz Ventania.

Um pequeno grupo segue à frente. Atrás vêm Nina e Rodrigo.

– Você está bem, Nina?

– Sim meu amigo, estou melhor.

– Por que você anda tão triste ultimamente?

– Não é tristeza.

– O que é então?

– Tenho andado angustiada. Confesso não compreender muito bem por que estou assim. A angústia é um sentimento dos encarnados, nós temos plena consciência da nossa condição atual, e sabemos nosso destino. Por esse motivo, não nos cabe mais vivermos angustiados, mas, confesso, meu amigo Rodrigo, que esse sentimento tem rondado o meu coração.

– Será a ausência do Felipe?

– Não, não é isso! Felipe me espera.

– Daniel me pediu que cuidasse de você nessa viagem. Você sabe o que iremos fazer?

– Sim, como ele disse, "Tragam o meu amigo". É isso que iremos fazer.

– Verdade, Nina.

– Olha, estamos chegando – diz Nina com um leve sorriso no rosto.

– Por que a alegria, Nina?

– Vejo pessoas dançando, isso me alegra.

Ao longe se pode ver um grupo de pessoas alegres, dançando em volta de uma fogueira.

– Serão os ciganos? – perguntei.

Ninguém me respondeu.

Nina e Rodrigo são os últimos a chegar ao grupo e, felizes, abraçam Ventania, o Negro e todos os demais.

– Venha, Rodrigo, quero lhe apresentar um grande amigo – diz o Negro.

Rodrigo se aproxima e aperta a mão de um jovem de uns vinte anos, moreno de sorriso fácil, cabelos negros ao ombro, assim como os do Rodrigo.

– Seja muito bem-vindo, Rodrigo, você é famoso aqui por essas bandas, meu amigo!

– Obrigado – diz Rodrigo meio sem jeito.

Nina se aproxima de ambos.

Admirado com a beleza da jovem, Diego estende as mãos para cumprimentá-la.

– Seja bem-vinda, minha jovem!

– Essa é a Nina, Diego.

– Você é a Nina de Amor e Caridade?

– Sim.

– Seja bem-vinda – diz o rapaz lisonjeado.

– É você mesmo o guardião desse lugar? – pergunta Rodrigo.

– Esse é o Diego, ele é o guardião do portal – afirma o Negro.

– E como é ser o guardião desse lugar? – pergunta Nina.

– Muito trabalhoso.

– Estou vendo – diz Rodrigo ironizando.

– Ah, você diz... risos – Estamos comemorando a chegada de vocês, é isso – diz Diego.

– Diego, precisamos de sua ajuda para atravessar o portal

– diz Ventania se aproximando.

– É claro que sim, podem contar comigo.

Diego levanta o braço direito e todos param o que estavam fazendo. É um sinal que determina seriedade naquele momento.

Todos param, a dança termina. A música é interrompida imediatamente. Quatro dos seus companheiros se aproximam trazendo uma capa preta, que é presa ao ombro de Diego.

Outro membro daquele grupo traz uma caixa dourada.

Um grande círculo é feito pelos presentes.

Silas, Lucas, Nina, Rodrigo, Nicolas, Ventania e o Negro ficam perfilados de frente para Diego, que recebe, de um dos seus companheiros, uma espada cravejada de brilhantes vermelhos. Um de seus auxiliares abre a caixa e todos podem ver vários colares que reluzem uma luz lilás.

O colar é de pedras arredondadas da cor violeta. Entre uma pedra e outra, há uma corrente de ouro branco.

Todos ficam impressionados com a beleza do colar.

– Senhores, daqui por diante, vocês não podem, em hipótese alguma, tirar esse colar. Esse é um colar protetivo, ele afasta as energias que podem lhes prejudicar e ainda os torna invisíveis para inimigos poderosíssimos que existem em todo esse lugar. Portanto, confiem no colar e nunca, mas nunca mesmo, tirem o colar do pescoço. Entreguem os que vocês trouxeram, pois eles não têm encanto sobre esse lugar. Na última viagem, lhes foi útil porque vocês não estavam no Vale da Morte. Cada região do Umbral é específica e tem suas energias específicas.

Ventania abre sua sacola e retira alguns colares que trazia, entregando-os a um dos auxiliares de Diego.

Uma linda canção é cantada por todos os presentes, um coral de vozes afinadíssimas. Assim, um a um, Diego, após passar a espada sobre a cabeça, coloca o colar no pescoço. Começando por Nina e terminando no Negro.

A música cantada preenche o vazio daquele lugar.

Rapazes e moças muito bem vestidos cantarolam a canção que mais parece um ritual.

Terminada a colocação dos colares, a música cessa e todos se abraçam.

Um rapaz vestindo somente uma tanga de cor preta, com o corpo todo pintado, aparece realizando uma dança afro. E todos começam a sorrir e dançar junto com ele.

O jovem negro vai até Nina e a pega pela mão direita e a convida a bailar. Todos seguem os passos do rapaz e dançam comemorando a vida.

Rodrigo assiste a tudo calado. Observador como é, fica feliz em ver Nina dançando alegre entre aquele grupo de jovens felizes naquele sombrio lugar.

Após um tempo, Diego ergue novamente o braço e todos param esperando as ordens do líder daquele lugar.

– Amigos, nós desejamos que sua caminhada dentro do Vale da Morte seja rápida e que tudo corra bem. Espero, sinceramente, que a missão dada a vocês pelos iluminados seja cumprida sem nenhum percalço. Vou entregar a você, meu amigo Negro, este apito. Se precisarem de nossa ajuda, é só usá-lo que estaremos a disposição de vocês.

– Obrigado, meu amigo – diz Negro.

O pequeno artefato é feito de osso, parece um osso de algum pássaro.

– Agora, vamos caminhar até a entrada, vamos em direção ao portal – diz Diego caminhando em direção a uma trilha escura.

– Venham – disse Ventania seguindo Diego.

– Peguem suas coisas e vamos, pessoal – diz Silas.

Todos pegam seus pertences e seguem Diego e seus sete soldados.

Todos os soldados de Diego medem aproximadamente dois metros de altura. São fortes, vestem uma roupa que cobre apenas as partes íntimas. Seus corpos estão pintados com círculos brancos e seus cabelos são longos e trançados. Todos carregam uma espécie de lança com a ponta bem afiada. Parecem gêmeos, tamanha a igualdade de feições e gestos.

Eles seguem à frente, atrás vêm Diego e Negro e, mais atrás, todos os outros missionários de Amor e Caridade.

Após algumas horas, um dos soldados apita usando um instrumento que parece um berrante.

O portal se abre à frente de todos. O círculo mais parece uma bola de fogo.

Muito impressionados com o que acontece à sua frente, Nina fica admirada com tudo aquilo e comenta com Diego.

– Que coisa linda isso, Diego!

– Sim, esse é o portal que Ele me permitiu vigiar. Sou o guardião desse portal, lembrando a vocês que existem centenas de portais no Umbral. Aqui começa a missão para vocês.

Eu estarei aqui se precisarem. Como disse, é só tocar o apito que chegaremos rápido para socorrê-los. Tomem muito cuidado com tudo o que encontrarem no Vale da Morte e não se deixem enganar por criaturas que parecem do bem, mas que, na verdade, são demônios disfarçados de amor.

Ao chegarem ao seu destino, cumpram rapidamente a missão que lhes foi confiada. O Umbral é o lugar onde toda a maldade está concentrada. Aqui, vocês verão de tudo, só não encontrarão espíritos do bem, porque os espíritos do bem estão onde vocês vieram. Agora, vão e cumpram o que Deus determinou a vocês.

– Obrigada, Diego – disse Nina.

– Ao passarem pelo portal, vocês serão recebidos por Sharia. Ela é quem vai lhes fornecer os animais para a longa caminhada que vocês farão no Umbral. Sigam em frente e, se precisarem, é só me chamar.

– Obrigado – disse o Negro.

– Obrigada – disse Nina.

Um a um, todos cumprimentam o guardião do portal.

Rodrigo e Ventania seguem à frente do grupo e atravessam a entrada do portal, que se fecha quando Lucas passa.

Eles descem o que parece ser uma longa colina. Há uma estrada bem estreita, na verdade, uma trilha que os leva ao pé de um enorme monte.

– Agora, sigamos em frente, senhores – diz o Negro.

Todos voltam a caminhar e, quando olham para trás, todos podem ver o portal se fechando. A claridade que ele fornecia termina, deixando o lugar às escuras novamente.

– Venha, Nina, caminhe ao meu lado – diz Rodrigo.

– Olhem, tem alguém lá embaixo, naquela cabana.

Havia, no pé da colina, uma pequena cabana feita de palha com o teto de folhas de coqueiro. De pé, uma jovem aguardava a chegada da caravana de Amor e Caridade.

– Será ela, Sharia?

– Acho que sim, Rodrigo – diz o Negro.

Sharia, ao perceber a aproximação do grupo, acena para eles segurando uma pequena tocha que ilumina o lugar.

– É ela, sim – diz Nina.

– Vamos logo encontrá-la – diz Lucas.

O grupo acelera o passo para encontrar-se com Sharia.

Logo todos chegam a seu destino.

– Sejam bem-vindos – diz a senhora.

Sharia é uma senhora de aproximadamente cinquenta anos, seu corpo é atlético, mas suas feições retratam ser uma pessoa de idade. Seus cabelos brancos refletem a sua maturidade e experiência. Ela veste uma calça bem justa e blusa colada ao corpo. Nos pés, uma bota que vai até os joelhos.

– Sejam bem-vindos, meus amigos – diz Sharia.

– Nós é que agradecemos a sua ajuda – diz Nina.

– Venham, vou levar vocês até os veículos de transporte

– diz a mulher após cumprimentar todo o grupo.

Eles caminham para um espaço que há atrás da cabana que parece um curral.

Uma enorme carroça está preparada. Ela é feita de um material que imita madeira, porém bem mais leve. Os animais parecem búfalos, mas têm o tamanho de um elefante. São negros e têm chifres curtos.

– Que animais são esses? – pergunta Ventania.

– São búfalos gigantes – diz Sharia.

– Eu nunca vi esse bicho. O que é isso? – pergunta Lucas.

– Eles estiveram entre os encarnados na África do Sul a muitos anos atrás. São muito úteis aqui, pois são uma mistura de búfalo com rinoceronte, ou seja, têm a coragem de um rinoceronte e a força de um búfalo.

– São mansos? – pergunta Nina.

– São, sim, pode ficar tranquila, são dóceis e amigáveis.

– Posso fazer carinho neles?

– Sim, como disse, eles são muito românticos – diz Sharia.

– Quanto eles medem?

– Aproximadamente dois metros e meio de altura por uns dois metros de comprimento.

– São enormes – diz Nicolas.

– Como guiá-los? – perguntou Ventania.

– Como se guia um cavalo. Eles já estão com as redes. Na verdade, eles estão ansiosos para viajar. Portanto, senhores, coloquem as suas coisas dentro da carroça e sigam viagem.

– Você não vai conosco? – pergunta Silas.

– Não, meu rapaz, meu trabalho aqui é preparar o transporte para os missionários que chegam ao Umbral.

– Lindo o seu trabalho – diz Nina.

– Obrigada, minha jovem, agora sigam rápido, pois vai chegar a hora da chuva e não é bom que vocês estejam nas estradas nesse momento.

– Aqui tem hora para chover?

– Sim, em todos os finais de dia chove, e muito, aqui no Umbral. Guardem essa informação, ela lhes será útil.

– Sabes por quê? – pergunta Nicolas.

– É um horário ruim na terra – diz Sharia.

– Como assim?

– É o horário da maioria dos enterros.

– E o que tem a ver enterro na Terra com a chuva do Umbral? – insiste Nicolas.

– Eu poderia dizer que são as lágrimas dos que ficam, mas não é isso.

– Então o que é? – pergunta Silas.

– É a hora em que as almas recém desencarnadas são trazidas após assistirem ao seu próprio enterro. É a hora em que a angústia e o arrependimento é maior por aqui. Nessa hora, o plano, que já é denso, torna-se inabitável. O Umbral é uma soma de energias, uma soma de pensamentos e sentimentos. Assim, cada hora aqui é mais uma hora de sofrimento e dor. Não queiram ficar muito tempo por aqui.

– Mas você é uma alma boa aqui no Umbral – diz Nina.

– Há almas boas em todos os lugares do Universo, minha jovem – diz Sharia sorrindo.

– Ele, que tudo sabe, providencia que seus filhos sofram menos, Nina, é isso! – diz Rodrigo.

– Agora, subam na carroça e saiam daqui imediatamente – diz Sharia contrariada.

– Vamos, pessoal, subam na carroça, vamos seguir as orientações da nossa amiga – diz o Negro.

Nina sobe na carroça, enquanto os outros se dividem no lombo dos animais. Silas é, novamente, o cocheiro de Nina. Apressadamente, eles seguem despedindo-se de Sharia com um sinal de até breve. Ela observa seus amigos partindo de pé na porta da pequena cabana de palha.

Eu assistia a tudo calado ao lado dos iluminados espíritos de Amor e Caridade. Eram as instruções que eu recebia naquele momento, mesmo sem ninguém me passar essa orientação, era o que eu sentia. Na verdade eu estava muito impressionado com tudo o que via.

“

Um dia compreenderás o significado de amai-vos.

Nina Brestonini

”

Dia 3

Dia 3

Os animais, embora grandes, são gentis e confortáveis para a viagem.

Nina está encantada com os dóceis gigantes.

– Como são dóceis esses animais, Ventania!

– Sim, são fortes e muito confortáveis.

– Já estamos há algumas horas galopando e eles nem reclamam.

– É verdade, Silas.

– Senhores, olhem – diz Rodrigo apontando para um grupo de espíritos que se encontram acampados perto de alguns prédios destruídos.

– Será que são amigos?

– Não há amigos aqui, Lucas, lembre-se das recomendações do Diego.

– Mas parecem pacíficos.

– As aparências enganam muito aqui no Umbral. Vamos em frente.

– Rodrigo, você acha que devemos parar?

– Todos estão bem?

– Sim, podemos prosseguir, não há necessidade de parar agora – diz Silas.

– Todos concordam?

Todos levantam o braço direito em um sinal de apoio.

– Vamos seguir em frente, senhores – diz Rodrigo.

Evitando passar por perto do grupo acampado, os viajantes de Amor e Caridade seguem o caminho.

– Rodrigo, você sabe onde fica o Vale da Morte?

– O Ventania conhece o lugar, Nina.

– Dizem ser um lugar muito ruim.

– Ouvi dizer também!

– Ventania – chama o Rodrigo.

Galopando, Índio se aproxima do grupo.

– Você sabe onde fica o Vale da Morte?

– Sim, sei, sim!

– E você sabe o local exato que está a pessoa que viemos buscar?

– Sei mais ou menos, Nina, fiquem tranquilos que eu vou achá-lo. Segundo o Daniel me falou, alguém vai nos guiar até o espírito que viemos resgatar.

– Você tem mais alguma informação sobre ele, Ventania?

– Não, não sei muito sobre ele. Mas o amigo que encontraremos provavelmente sabe mais coisas sobre ele.

– Daniel e seus mistérios – diz Nina.

– O que será que nos espera dessa vez, Nina?

– Não faço ideia, Rodrigo.

– Vamos seguindo em frente, meus amigos. Daniel jamais faria alguma coisa que não fosse para nos elevar.

– Nisso eu concordo – diz Silas.

Pingos de chuva começam a molhar os viajantes. Estranhamente, os animais procuram refugiar-se em uma caverna que há à direita da estrada. Sem obedecer ao comando das rédeas, os animais se dirigem rapidamente para as cavernas.

– O que será que esses animais estão pensando? – diz Rodrigo.

– Você não é encantador de cavalos, meu amigo? Dá um jeito nesses animais, eles não nos obedecem.

– Eu encanto cavalos, não esses monstros – diz Rodrigo.

– O que será que está havendo então, Rodrigo? – pergunta Nina.

– Parece ser algo instintivo.

– Deve ser para nossa proteção – diz Nicolas.

– O meu não obedece aos meus comandos – diz Lucas soltando as rédeas.

Os animais, então enfileirados, seguem lentamente em direção às cavernas.

– Será que tem alguém nessas cavernas?

– Provavelmente, sim, Nina – diz Negro.

– Tomara que sejam amigos.

– Que Deus e nossa mentora nos protejam nesse lugar diz Lucas.

Um a um, os animais entram em uma enorme caverna escura. E foi o tempo exato para que os iluminados não sofressem com o temporal que desabava no lugar.

Raios, trovões, uma forte chuva castiga o lugar.

Outros animais correm para as cavernas menores.

Pássaros sobrevoam o lugar buscando abrigo.

– Desçam dos animais, amigos – diz Ventania.

Todos desmontam de seus animais.

Os animais se deitam para descansar.

– Lucas, leve-os para o fundo da caverna, eles precisam ficar longe dos raios e trovões.

– Sim, Ventania.

Um a um, os animais seguem as orientações de Lucas e se dirigem ao fundo da caverna.

– Negro, tente arrumar uns gravetos para acendermos uma fogueira.

– Sim, vou procurar na caverna.

– Rodrigo, ajunte as bagagens, por favor, e arrume um lugar confortável para Nina descansar, se é que há um lugar confortável aqui nessa caverna.

– Aqui é um bom lugar para Nina – diz Silas.

Nina é levada para a parte esquerda da caverna, onde há uma pequena luminosidade. Silas arruma as bagagens formando um colchão onde Nina pode se sentar e descansar.

Uma menina passa correndo para dentro da caverna em alta velocidade.

Todos se assustam com a aparição.

A noite começa a cair rapidamente no lugar. A escuridão invade todo o ambiente.

Assustada, Nina olha para Nicolas, que está ao seu lado como se perguntasse, “quem é essa menina? O que ela faz aqui? De onde veio? Uma criança ali, como assim?”.

Rodrigo se aproxima de Nina.

– Você viu a menina, Nina?

– Estou apavorada, como assim uma criança aqui?!

– Você viu para onde ela foi?

– Ela entrou correndo para o fundo da caverna, vamos esperar pela fogueira, daí procuramos por ela – diz Nicolas.

– Eu acho que ela não nos viu – diz Ventania.

– Como assim, não nos viu?

– Estamos com o colar, lembra?

– É mesmo, eu tinha me esquecido do colar – diz Nina.

– Deus, o que será que uma criança faz numa região tão densa como essa?

– Não faço a mínima ideia, Nina – diz Silas se aproximando.

– O Negro arrumou a lenha, vamos acender uma fogueira, senhores – diz Ventania.

– Tens aquele chá, Ventania?

– Sim, Lucas, tenho sim!

Outra criança passa correndo para o fundo da caverna.

Nina se assusta novamente.

– Vocês viram?

– Sim, agora me pareceu um menino – diz Lucas.

– O que será que essas crianças estão fazendo aqui?

– Não faço a mínima ideia, Rodrigo – diz Ventania.

– Vamos acender a fogueira, senhores.

O Negro arruma toda a lenha que colheu e a fogueira é acesa por Ventania.

Finalmente todos podem se ver.

O lugar é limpo e arrumado, parece que alguém vive ali.

Nina fica impressionada com a organização do lugar. Pedras estrategicamente arrumadas como poltronas e outra como uma mesa. Há ainda paus enfiados nas brechas entre as rochas que servem para pendurar coisas.

Ao canto, um fogareiro improvisado. Duas panelas estão colocadas sobre o que parece um fogão.

Nina logo imagina, "alguém" vive aqui. Mas por que não posso "vê-los?"

– Nem pense nisso, Nina – diz o Negro se aproximando.

– Você deu para ler pensamentos agora, Negro?

– Nem pense em tirar o colar para ver quem vive aqui.

O que você viu pode ser uma forma irreal, temos que ter muito cuidado – diz o guardião.

– Será que essas duas crianças que vi não são crianças?

– Não sabemos, Nina – diz Lucas.

– Concordo com o Negro, não vamos nos deixar ser levados pelas crianças que vimos, pode ser uma armadilha, Nina.

– Não acredito que essas crianças sejam capazes de querer o meu mal – diz a jovem.

– Eu insisto no que disse, Diego, vamos ficar atentos.

– Está bem, amigos, percebo que há pessoas vivendo aqui, mas não posso vê-las, assim como elas não podem nos ver. Mas estou muito curiosa em saber o que duas crianças estão fazendo nesse lugar sozinhas.

– Não sabemos se elas estão sozinhas, Nina, na dúvida, não vamos fazer nada. Venha, vamos nos aquecer na fogueira e beber um bom chá.

Nina se vira para a parte da frente da caverna e se senta próxima ao fogo, enquanto Ventania lhes prepara um bom chá.

Rodrigo está sentado observando os raios e a chuva intensa que cai lá fora.

Lucas e Nicolas se deitam após arrumarem suas camas com cobertas que trazem em suas bagagens.

– Quer que eu arrume uma cama para você, Nina?

– Agradeço, Silas.

Silas, então, pega as cobertas de Nina em sua bagagem e lhe arruma uma confortável cama ao lado da fogueira.

Todos estão muito cansados e querem descansar. A chuva é intensa.

Após o chá, todos se deitam, exceto o Negro, que monta guarda para proteger os viajores de Amor e Caridade.

Algumas horas depois, Nina se levanta e observa que todos estão dormindo, até o Negro cochila apoiado em sua lança.

Nina decide explorar o lugar. "Aquelas crianças estão em algum lugar" – pensa a iluminada. Ela então caminha até o fundo da caverna e vê que há um pequeno portal no fundo dela.

O portal é verde e, atravessando-o, chega-se a um outro lugar.

Curiosa, ela resolve explorar aquele lindo lugar. Ao se aproximar do portal, ela não consegue atravessá-lo. Ela então decide retirar o colar para ver o que há realmente do outro lado. Há algumas crianças correndo e brincando no lindo lugar. Nina se encanta com tudo aquilo. Ela então se senta e percebe que elas não a veem.

Encantada com as crianças, ela atravessa o portal. Ela deseja ser vista e poder abraçar cada anjinho daquele. Na verdade, ela está muito curiosa e quer saber o que elas fazem ali, que lugar é aquele?

Árvores frutíferas, maçãs prontas para serem colhidas, abacateiros recheados de frutos, parreiras de uvas verdes, pássaros cantando, algo inimaginável no Umbral.

Novamente, a menina passa correndo entre as árvores. Curiosa, Nina se aproxima para vê-la de perto.

Ao chegar mais próximo, Nina vê seis crianças banhando-se em um pequeno lago cristalino. Quatro meninas e dois meninos. Encantada, ela fica feliz em ver aqueles lindos anjinhos banhando-se e brincando uns com os outros. Nina olha bem ao redor e vê que não há adultos.

Um lindo cachorrinho se aproxima e se joga na água para alegria da criançada.

Todos sorriem felizes.

A voz da consciência diz: “Nina, você não deveria ter tirado o colar”.

Nina então pensa: “Isso é coisa da minha cabeça, que mal essas doces crianças podem me fazer? Elas são lindas. Preciso saber o que elas fazem aqui”.

Nina se aproxima do lago e tudo escurece repentinamente. Nina se vê dentro de um lamaçal, as crianças são, na verdade, espíritos anões deformados que correm se afastando dela. O cãozinho, que antes era inofensivo, se transforma em um leopardo negro que começa a rugir muito próximo ao rosto de Nina.

Apavorada e presa à lama, Nina não sabe o que fazer. Sem o seu colar, como poderá reagir àquilo tudo?

Três dos anões começam a zombar da Iluminada alma que, inocentemente, se aproximou daquele lugar maldito.

As árvores, antes frutíferas, se transformaram em árvores com galhos retorcidos e secos, sem folhas e sem vida.

Nina se desespera e começa a gritar pedindo ajuda aos seus amigos.

Ventania acorda assustado com os gritos de Nina. Algo está errado.

Todos se levantam e vão para o fundo da caverna.

Trazendo tochas à mão, Rodrigo e Lucas se aproximam da parede do fundo da caverna.

– Parece que o grito de Nina vem de trás dessa parede de pedra.

– Como será que ela conseguiu atravessar isso, Rodrigo?

– O colar dela está caído aqui, olhem – diz Silas.

– Só tem um jeito de saber, meu amigo.

– Qual?

– Temos que tirar o colar!

– Não podemos – diz Lucas.

– Vamos fazer assim, eu vou tirar o colar e vou narrando tudo o que vejo à minha frente. Vocês me seguem!

– Não faça isso, Rodrigo.

– Tenho que socorrer a Nina.

O Negro se aproxima.

– Deixem que eu faço isso.

– Deixe o Negro fazer isso, Rodrigo, ele está mais acostumado a esse lugar – diz Ventania.

– Está bem, venha, Negro, e relate tudo o que você está vendo para que possamos lhe ajudar.

– Sim, vamos então, amigos.

O Negro então retira o colar e o entrega a Ventania.

– Senhores, estou vendo um lago cheio de lama. Nina está presa nele, eu vou até lá para socorrê-la. Há um portal verde nessa parede.

– Nós vamos atrás de você, Negro – diz Ventania.

– Mas não estamos vendo nada disso – diz Silas.

– Fiquem aqui, senhores, para ver o que estou vendo, é necessário que vocês tirem o colar – diz o Negro.

– Nós vamos tirar.

Lucas, Nicolas, Silas e Rodrigo entregam o colar para Ventania, que fica dentro da caverna sem adentrar ao portal verde.

– Fique aqui, Ventania, nós voltaremos com a Nina.

– Boa sorte, amigos – diz o Índio.

Todos adentram ao portal e se dirigem ao lago em que Nina está presa. Com sua lança em punho, o Negro afasta o animal que tentava atacar Nina.

– Obrigada, amigos, por me salvarem – diz a jovem enlameada.

Com muito esforço, Nina é retirada do lugar.

– Por que você fez isso, Nina?

– Vi seis crianças brincando aqui nesse lago, que era de água cristalina, e resolvi me apresentar a elas.

– E cadê as crianças?

– Quando tirei o colar, fui empurrada por elas que, na verdade, não eram crianças, eram anões horríveis que me jogaram para esse animal me comer. Ainda bem que vocês me ouviram e vieram me salvar.

– Vamos voltar para a caverna. E preste muita atenção, Nina, o Umbral é um lugar traiçoeiro.

– Agora, mais do que nunca, eu acredito nisso.

– Vamos voltar, senhores – diz Silas.

– Mas cadê o portal?

– Que portal?

– O que estava aqui agora mesmo?

– Meu Deus, ele sumiu.

– E pior, todos estamos sem nossos colares, como poderemos voltar?

– Como não pensamos nisso?

– Se Ventania tirar o colar dele para poder adentrar ao portal, nunca mais poderemos voltar, já que o portal só aparece para quem está sem o colar. Se ele vier para cá sem o colar, não enxergaremos o caminho de volta.

– Verdade, Silas, e agora amigos?

– Onde estão os anões, Nina?

– Temos que achar o anão – diz Lucas.

– Ou melhor, os anões – diz Nicolas.

– Para onde eles foram, Nina?

– Naquela direção – diz a jovem sinalizando com o dedo indicador.

– Lucas, você e o Negro fiquem aqui com Nina. Eu, Silas e Nicolas vamos tentar achar os anões e descobrir como poderemos sair desse lugar. Só assim poderemos atravessar o portal e pegar nossos colares com Ventania. Será que, se gritarmos, o Ventania não vai nos ouvir?

– Enquanto vocês gritam, nós vamos atrás dos anões.

– Deve funcionar o grito, afinal, foi assim que ouvimos a Nina. Cadê o apito do Diego?

– Está com o Ventania, eu entreguei a ele – diz o Negro.

– Não podemos usá-lo – diz Rodrigo.

– Mas se Ventania retirar o colar e passar para cá, sem ele, nunca mais voltaremos ao lugar que estávamos.

– Então é melhor não gritarmos – diz Nina.

– Nós vamos atrás dos anões – diz Rodrigo.

– Me empresta a sua lança, Negro?

– Fique aqui, Nicolas, que eu vou com o Rodrigo e o Silas.

– Está bem, façamos assim.

Ventania retorna à fogueira, colocando mais lenha para aquecer a caverna fria.

Preocupado, ele decide esperar pelos amigos sentado ao lado do fogo.

Rodrigo sai em busca dos anões. Se eles passaram para o outro lado e se transfiguraram, tem de haver um jeito, um caminho de volta.

Assim, eles seguem a trilha deixada pelos pequeninos.

Após rápida busca, eles chegam a uma cabana. A escuridão dificulta a visão, mas eles podem ver que eles estão dentro da cabana.

A conversa baixa pode ser ouvida no lado de fora quando se encosta o ouvido na fina parede feita de barro.

– Eles estão aqui – diz Rodrigo.

– Falem baixo – diz o Negro.

– Eu vou arrombar a porta e pegá-los de surpresa.

O Negro, então, se posiciona e com o pé direito derruba a porta, para surpresa dos seis anões que estão sentados em volta de uma mesa.

– Quem é você?

– Eu vim buscar a chave do portal.

Rodrigo entra junto com Silas.

Amedrontados, os anões se encostam na parede do fundo da pequena sala em que se encontravam.

Com a lança em punho, o Negro ameaça o que parece ser o líder do grupo.

– Fala logo ou eu vou enfiar essa lança em sua garganta.

– Jameluz.

– Jameluz, o que é Jameluz?

– É a seiva de uma árvore que existe aqui neste lugar – diz um dos anões amedrontado.

– Uma seiva, como assim? O que temos que fazer para enxergar o portal?

– Jameluz – diz outro anão.

– É melhor vocês explicarem isso direitinho, estou perdendo a paciência com vocês – diz o Negro apontando a lança para os anões.

– Venham comigo – diz o anão mais tenebroso de todos.

– Vocês, amigos, fiquem aqui que eu já volto, vigiem esses anões para que eles não fujam. Isso pode ser uma enganação desses espíritos imundos.

– Eu tomo conta deles, Negro – diz Rodrigo.

– Venha, me mostre o que é Jameluz.

– Sim, vamos.

Negro e um dos anões saem da cabana e caminham por cerca de dez minutos dentro da selva negra. Enfim, chegam a uma árvore de cinco metros de diâmetro, e o anão mostra ao Negro como retirar a seiva.

– É essa seiva que permite que enxerguemos os portais que existem aqui – diz o anão.

– Como se utiliza essa seiva?

– Você tem que beber ela.

– Eu não vou beber essa coisa. Isso pode ser veneno. Isso deve ser uma armação sua para fugir.

– Não é, não, essa seiva tem o poder de nos deixar ver os portais e atravessá-los.

– Pegue o suficiente para todos do meu grupo.

– O anão então pega uma pequena poção da seiva grossa e coloca em uma sacola de pano presa à sua roupa suja.

– Agora vamos voltar – diz o anão.

O Negro escolta o anão até a cabana, onde todos sentados os esperam.

– Eles estão voltando – diz Silas, que montava guarda na porta.

– Entrem – diz Rodrigo se aproximando da porta.

– Aqui está o Jameluz.

Rodrigo pega a seiva na mão e retira um pedaço dela após ser informado pelo Negro de seu poder.

– Venha aqui, anão – diz ele chamando um dos anões do grupo.

– Podem confiar em nosso mestre. É essa a seiva que dá poder de atravessar os portais que existem aqui – diz o anão.

– Coma – diz Rodrigo.

O anão então retira um pequeno pedaço e coloca na boca, mastiga e engole.

Todos ficam olhando o que vai acontecer à cobaia.

Após alguns minutos, ele delira como se tivesse usado alguma droga. Sorrindo, ele mostra aos presentes um pequeno portal que se abre dentro da cabana.

– O que você está vendo, anão? – pergunta o Negro.

– Um lindo portal amarelo, senhor.

Todos ficam surpresos com a reação da cobaia.

Rapidamente, ele salta para dentro do portal e some da vista de todos.

– Para onde ele foi?

– Ele entrou no portal, senhor – disse o líder.

– Quer dizer que temos que estar lá no lago e olharmos para a parede após comer essa porcaria para que o portal se abra?

– Sim, é só fazer isso!

– Vamos, senhores, Nina nos espera.

– Vamos – diz Rodrigo.

Todos caminham até Nina, que, cansada e com muito frio, quase não consegue falar.

O Negro então divide a goma com todos os iluminados, que conseguem, enfim, enxergar o portal e voltar ao lugar em que Ventania se encontra.

Surpreso com a aparição de todos juntos, Índio corre para abraçar os amigos e rapidamente devolve a cada um deles seus colares.

Nina corre para se aquecer na fogueira. Todos estão muito assustados com aquela experiência.

– Nina, prometa para mim que você nunca mais vai retirar esse colar?

– Prometo, Ventania, não podemos acreditar no que vemos aqui no Umbral. Tudo pode ser verdade, assim como pode ser mentira. Essa é uma grande lição que aprendo hoje. Nem tudo o que vemos, ouvimos ou sentimos é verdade no lugar em que a maldade impera.

– Que sirva de lição para todos nós o que aconteceu hoje.

Agora, vamos descansar porque temos um longo caminho pela frente, senhores.

– A chuva parou, os animais estão lá fora, parece que nos esperam para seguirmos viagem. Você está bem, Nina?

– Deixa só eu me aquecer um pouco e vamos em frente.

– Enquanto você se aquece, vamos carregar os animais com as nossas coisas, precisamos nos adiantar, já estamos no terceiro dia.

– Façam isso, amigos – diz Rodrigo se aproximando de Nina e colocando mais lenha na fogueira para aquecer sua amiga.

– Obrigada, Rodrigo, e me perdoe pelo que fiz.

– Sem problemas, Nina. Agora é pensar melhor antes de fazer qualquer coisa e cumprir aquilo que viemos fazer.

– Sim, meu amigo, não podemos perder o foco.

– Determinação e disciplina, Nina.

– Quando deixamos de lado nossos objetivos, tudo se perde, tudo fica mais difícil. Eu sempre fui determinada, mas confesso que me perdi por algum momento, perdoem-me.

– Acontece com todos, Nina.

– Vamos seguir em frente?

– Sim, mas você não teve muita culpa no ocorrido.

– Como assim não tive culpa? Na verdade, estou muito envergonhada com tudo isso.

– Nina, no plano dos encarnados, iniciou-se a Quaresma. Poucos sabem, mas é nesse período que vários portais se abrem aqui no Umbral. Portais inimagináveis se abrem, criaturas medonhas, espíritos que ainda não têm consciência de que são espíritos. São seres que percebem a eternidade e estacionam nela. Veja esses anões que acabamos de conhecer dentro dessa bolha imaginária que eles criaram.

– Me explica isso melhor, meu amigo cigano!

– Ao contrário do que muitos pensam, Nina, a Quaresma não é uma data importante apenas para a Igreja Católica.

Outras comunidades cristãs, como calvinistas, luteranas, anglicanas e ortodoxas também a adotam conforme seus preceitos. Curiosamente, não se trata apenas de um período de purgação espiritual simbolizado nos 40 dias em que Jesus passou no deserto ou Moisés no Monte Sinai. Trata-se de um período com fortes implicações espirituais, como todos nós sabemos.

– Sim, já estudei e aprendi muito sobre isso, mas do jeito que você está explicando eu compreendo melhor.

– Neste período, Nina, há uma profunda agitação na atmosfera umbralina, aqui mesmo onde estamos neste exato momento.

Todos os outros mentores se aproximam e ficam ouvindo a explicação dada por Rodrigo. Lucas e Nicolas se sentam ao lado de Nina para se aquecerem na fogueira alta.

Silas, o Negro e Ventania ficam de pé ao lado de Rodrigo, que prossegue com o ensinamento.

– Prestem muita atenção nisso:

– É durante o período da Quaresma que muitos espíritos conseguem ir à superfície da Terra com muita facilidade.

Embora, como sabemos, existam espíritos amigos e guardiões responsáveis por vigiar os "portais de saída", nesse período, a agitação é tão grande que mesmo eles não conseguem impedir a passagem dessas entidades.

– Isso é verdade – diz Ventania.

Rodrigo prossegue:

– É quando uma imensa quantidade de espíritos sofredores e perturbadores ganham livre acesso ao mundo dos homens, ao plano dos encarnados.

– E o que acontece nesse período, Rodrigo? – pergunta Nicolas.

– O que se passa, Nicolas, é um verdadeiro caos: cada um segue por conta do seu interesse. Alguns, viciados, correrão para saciarem-se; outros, perturbados, buscarão seus familiares; alguns, vingativos, o que tanto anseiam, e por aí vai.

– Meu Deus – diz Silas.

– E tem mais, amigos, com tantas entidades perturbadoras perambulando livremente pela Terra, a chance de os encarnados caírem em sentimentos nocivos que os farão mal é muito grande. Desavenças são acirradas. Vinganças são alimentadas. Ódios são cultivados. É preciso ter muita firmeza de cabeça. É a hora em que mais trabalhamos no plano terreno, vocês sabem muito bem disso.

– Eu, nesse período, sempre procuro tarefas na colônia, evito ao máximo sair do meu trabalho – diz Silas.

– Meus amigos, nesse período, mais do que em qualquer outro do ano, temos que ter cuidado redobrado com nossos pensamentos e sentimentos, pois, com imensa facilidade, poderemos ser alvo das investidas inferiores, principalmente aqui onde nos encontramos agora.

O Umbral é onde esses espíritos têm mais força, todos sabem.

– O que você aconselha a fazermos, Rodrigo?

– Orai e Vigiai em dobro… Em triplo, se for necessário.

Ventania se aproxima ainda mais de Rodrigo e pede a palavra.

– Posso dar um conselho a todos?

– Sim, claro meu amigo!

– Prestem atenção pessoal: As quaresmas são intensamente mais fortes que o restante do ano. São os momentos finais, agônicos, de uma sociedade, encarnada e desencarnada, prestes a se renovar ou se atrasar, conforme as escolhas feitas. É nesse tempo que as populações ficam mais suscetíveis as pragas, as pestes, as doenças, as calamidades, e as pandemias. Tudo isso favorece os desencarnes coletivos. Este é um período de intenso trabalho, de redobrada caridade e auxílio aos encarnados e desencarnados. Estamos aqui com uma missão, e vamos cumpri-la o mais rápido possível.

– Muito bom, meu amigo Índio – diz Rodrigo.

– Posso dar um conselho a todos os espíritas que leram essa obra? – diz Nina.

– Sim Nina, claro que sim – diz Rodrigo.

– Nenhuma casa espírita deve fechar as portas nesse período. Vamos todos concentrar nossos esforços no bem, na caridade, no amor ao próximo. Se nos refugiarmos na oração e na vigília constante de nossos pensamentos e atos, nada teremos a temer, pois sabemos, como Ele disse: “Onde houver um ou mais em Seu nome, Ele estará presente”.

– Muito bom, Nina, vamos fazer assim: vamos dar as nossas mãos e você profere uma prece para que possamos continuar a nossa caminhada. Pode ser?

– Sim, Silas, claro que sim.

Nina então se coloca de pé, e todos em volta da fogueira ouvem atentamente a prece proferida.

O silêncio toma conta do lugar.

"Senhor meu Deus, tenha misericórdia de nós. Permita que esses espíritos sofredores encontrem a luz necessária, a evolução pessoal.

Que sejamos mensageiros do amor, da paz e da transformação, tão necessária a todos nós.

Que possamos prosseguir levando teu evangelho vivo aos demais corações aflitos.

Que nos seja permitido o amor pleno. E que nunca nos falte coragem para recomeçar.

Obrigada, ó querida mentora espiritual, por essa e todas as oportunidades que tens nos dado todos os dias.

Que assim seja!"

Todos se abraçam.

Após a prece, todos montam os animais e seguem a viagem para o Vale dos mortos. Nina segue calada em oração dentro da carruagem.

“

Todas as conquistas morais e intelectuais na encarnação são patrimônios da alma!

Nina Brestonini

”

Dia 4

Dia 4

O céu não ajuda a viagem. Chove muito, todos estão abrigados pela capa preta que cobre todo o corpo. Os animais têm dificuldade de caminhar em meio ao lamaçal. O Índio e o Negro seguem à frente da caravana de luz.

Após subirem uma colina, eles param no topo da montanha e finalmente enxergam abaixo o Vale da Morte.

– Vamos parar aqui, senhores.

– Sim, Ventania – diz Silas parando a carruagem.

– Olhem que lugar esquisito esse – diz Lucas.

– Sim, horrível – diz Nicolas se aproximando.

No alto da colina, todos perfilados olham para o desafio que terão pela frente.

– Vamos descer, Rodrigo?

– Senhores, estamos diante do Vale da Morte, o local onde encontraremos quem viemos buscar. Ao final dessa trilha que desce, temos um irmão nos esperando. Ele está com todas as informações de que precisamos para o resgate, como nos disse Ventania. Muita atenção na caminhada, verifiquem seus colares e escondam-se por debaixo dessa capa que, além de nos camuflar, nos protege da chuva. Aqui veremos raios e trovões, não se espantem.

– Raios e trovões novamente, Rodrigo?

– Sim, Nina, novamente.

– Meu Deus, ajude-me – diz a jovem.

– Quem nos espera lá embaixo, Rodrigo?

– Não tenho certeza, mas acho ser um dos nossos. Daniel disse a mim e ao Ventania que, caso ele ainda não estivesse à nossa espera, que aguardássemos próximos à área do resgate que alguém muito próximo a nós iria nos encontrar.

– Mas você não sabe quem é?

– Tenho uma ligeira desconfiança, Nina.

– E não vai nos contar?

– Desconfiança não é certeza e, como sabemos, não podemos criar expectativas sem propósitos – diz o Cigano.

– Compreendo, amigo, é que fiquei curiosa, só isso!

– Estamos próximos ao encontro, guardemos nossas expectativas para o momento certo.

– Sábio conselho, meu amigo – diz Ventania.

– Agora, vamos descer essa colina lentamente, os animais estão cansados e a estrada, muito enlameada. Toda atenção e cuidado são bons nessa hora.

– Vamos, pessoal – diz Lucas iniciando a descida.

O caminho é íngreme. Com muita dificuldade, os iluminados descem pela estreita estrada. Logo se pode avistar uma pequena fogueira acesa no sopé da montanha. Todos ficam animados, afinal, não precisarão esperar pelo companheiro que os levará ao resgate.

– Olhem, há alguém nos esperando lá embaixo – diz Nicolas.

– Sim, eu posso ver uma fogueira acesa – diz o Negro.

– Vamos manter o ritmo, senhores, para que nada de mau aconteça.

– Sim, Rodrigo – diz Silas.

O Negro e Ventania seguem à frente da caravana.

Após algum tempo, eles finalmente se aproximam do pequeno acampamento à beira da estrada.

– Olhe, tem alguém lá embaixo – diz Silas.

– Que bom, não teremos que esperar pelo amigo que nos auxiliará, quem sabe é o Daniel – diz Lucas.

– Venham, senhores, para esse lado da estrada, está mais seguro aqui – diz o Negro.

O céu é cinzento e escuro, poucos raios de sol atravessam densas nuvens, criando sombras gigantescas no solo úmido do Vale da Morte. Corujas piam alto. Pode-se ouvir também lobos uivando.

– Corujas aqui?

– Sim, Lucas, além das corujas, veremos animais peçonhentos – diz o Negro.

– Que lugar horrível – diz Silas.

– Nina, permaneça dentro da carruagem, por favor – diz Rodrigo.

– Sim, nem me atrevo a ver o que vocês estão relatando – diz Nina de dentro da carruagem.

– Vamos, senhores, vamos nos aproximar – diz Rodrigo.

Todos seguem lentamente ao encontro do homem que, sentado, aquece-se na pequena fogueira à beira da estrada.

Ventania se aproxima do rapaz, que está encoberto por uma capa preta muito parecida com a que os iluminados usam.

– Bom dia, senhor?

Rapidamente, Felipe se levanta e vira-se para o amigo Ventania.

A surpresa é agradável e o Caboclo sorri feliz.

– Você por aqui, Felipe?

– Poxa, já estou aqui há algumas horas e cadê vocês? Pensei que não viessem mais. Onde está a Nina?

Ventania desce do animal e abraça o amigo Felipe.

– Eles estão vindo aí, olhe!

Felipe olha para a estrada e vê que todos se aproximam. Ele então corre até a carruagem para receber Nina.

– Olá, pessoal – diz Felipe se aproximando do grupo.

Nina, ao ouvir a voz de seu amado, abre a lona que fecha a carruagem e se depara com o amor da sua vida.

– Nina, desça – diz Felipe.

Todos os demais iluminados permanecem em seus animais e assistem à linda cena.

Nina pula nos braços de Felipe, que a sustenta beijando a com ternura, saudade e amor.

Sem dar nenhuma palavra, Nina abraça Felipe fortemente, como se matasse ali toda a saudade existente na vida dos dois.

– O que você está fazendo aqui, meu amor?

– Cheguei na colônia e me informaram que vocês tinham vindo para mais uma missão aqui no Umbral. Daniel já tinha programado a minha vinda, daí eu vim o mais rápido possível. Ele me disse para esperar vocês aqui, pois sabia que eu chegaria primeiro que vocês. Cheguei hoje cedo, vocês tiveram algum contratempo?

– Sim – diz Nina envergonhada.

– O que houve, Nina?

– Não foi nada, Felipe, só um contratempo – diz Rodrigo descendo da montaria e abraçando Felipe.

– Que bom que você veio se juntar a nós – diz Rodrigo.

– Você sabia que era o Felipe, Rodrigo?

– Eu desconfiava, Nina.

– Por que então você não me falou?

– Como disse, eu desconfiava, não tinha certeza.

– Por que será você veio se juntar a nós, Felipe? – pergunta Lucas.

– Ainda não posso revelar, meus amigos – diz Felipe.

– Mas por quê? – pergunta Nina.

– Daniel me pediu sigilo, esse lugar requer muita concentração e cuidados. Vamos adentrar agora à região do nosso resgate.

– E o que é esse Vale, Felipe? – pergunta Silas.

Rodrigo se aproxima e coloca a sua mão direita sobre o ombro de Felipe, pedindo a palavra.

– Deixe que eu explico, Felipe.

– Pois não, Rodrigo!

– Meus irmãos, iremos agora, após essa estrada, adentrar uma das regiões de mais sofrimento aqui no Vale da Morte. Esse vale foi construído pelas mentes que não conseguem compreender suas existências. São espíritos que se sentem mortos, que ficam mergulhados em um grande lamaçal psíquico criado por eles mesmos, esperando o resgate prometido por algumas denominações religiosas.

– Eles não têm consciência da morte?

– Eles sabem que morreram, Nicolas, porém se acham enterrados nas covas de um imenso cemitério, a maioria consegue pôr a cabeça para fora, eles acham que precisam respirar para se manterem vivos. Assim, o que veremos serão corpos podres, mutilados, cabeças separadas dos corpos, espíritos enterrados tentando se livrar das covas imaginárias e muito mais.

– Meu Deus – diz Nina.

– E quem é que vai salvar essas pessoas, Rodrigo?

– Nina, só o espírito pode se salvar. Esses são religiosos fanáticos que, agarrados a velhas escrituras, não percebem que a evolução é necessária ao espírito. Assim como estamos evoluindo, as religiões e os pensadores religiosos precisam evoluir também. Ficar preso a velhos ensinamentos acaba criando seitas, e o fruto dessa fé cega é o que veremos a seguir.

– Por que tudo isso acontece, Rodrigo?

– Silas, sois livres para pensar e agir. Sabemos que se colhe na vida espiritual aquilo que se semeia na vida material. Assim, esses espíritos que se encontram nesse estado sofrem muito pela fé cega em que acreditaram ser verdade durante anos encarnados. O que mais encontraremos aqui são líderes religiosos que, pela ganância e maucaratismo, conduziram seu rebanho ao Vale da Morte. Agora, agonizam tentando se libertar dos miasmas criados pela ignorância e pela falência da fé.

– E tem mais, amigos – diz Ventania se aproximando.

– Diga, meu amigo Ventania.

– Aqui nesse vale, vocês verão o que é sofrimento. Espíritos que se comprazem com o mal, mesmo desencarnados, são atraídos para esse lugar. Espíritos que receberam as oportunidades evolutivas e confundiram caridade com materialidade, negando sua essência espiritual e praticando o fanatismo, impondo, através de falsos conhecimentos, aquilo que não é espiritualidade, e sim seus caprichos e suas vaidades. Aqui, vocês poderão encontrar enterrados até o pescoço, além de líderes espirituais, também babalorixás e ialorixás que se esqueceram da caridade do centro espírita e colocaram à frente o mau-caratismo como forma de viver. São muitos os espíritas que encontraremos enterrados até o pescoço aqui nesse lugar. Dirigentes espirituais, líderes religiosos, freis, pastores, padres, bispos, apóstolos e muito mais.

– Não vejo a hora de olhar diretamente na face desses espíritos – diz Lucas.

– Por que, Lucas?

– Ando por muitos lugares aqui do Umbral, já vi quase tudo, mas dirigente espiritual enterrado até o pescoço eu confesso que nunca vi. Não que eu sinta prazer em ver isso, é pura curiosidade mesmo.

– Temos que orar por todos, Lucas.

– Eu sei, Nina, peço desculpas pela minha curiosidade. É só curiosidade mesmo.

– Vamos deixar a curiosidade de Lucas aparente. Quem sabe assim outros dirigentes que lerem essa obra refletirão sobre essa colocação do nosso amigo.

– Nós vamos orar por todos, sim, Nina, pode deixar – diz Rodrigo.

Abraçados, Nina e Felipe não se separam.

– Senhores, vamos em frente?

– Sim, Ventania – diz Lucas.

– Venha, Nina, entre na carruagem. E você, Felipe, me auxilie a conduzir nossa ilustre amiga.

– Com o maior prazer – diz Felipe subindo para ser o cocheiro de Nina.

– Montem os animais, senhores. Vamos, amigos – diz Rodrigo.

O Negro apaga a pequena fogueira e todos seguem pela estrada que dá acesso à região onde se encontra o espírito amigo que precisa ser resgatado.

– Quem é que iremos buscar, Felipe?

– Não posso falar, Silas.

– Como assim?

– É um segredo que eu e o Rodrigo só revelaremos ao encontrar o amigo que precisa de nós.

– Por que todo esse mistério?

– Infelizmente, eu não posso falar, amigo – diz Felipe falando baixo para Nina não ouvir e tocando o ombro de Silas, como se pedisse silêncio sobre o assunto.

– Entendi – diz Silas sentado a seu lado.

Ventania e o Negro seguem à frente do grupo. Após caminharem pela estrada escura, uma nova dimensão se vislumbra à frente.

O lugar é sombrio, não há raios de sol. Uma pequena lua tenta iluminar o lugar tétrico. Todos estão muito impressionados com o que veem.

Ventania se aproxima do grupo, deixando o Negro mais à frente.

– Senhores, agora o silêncio é fundamental para o sucesso da missão. Não respondam aos lamentos, não olhem fixamente para os espíritos que aqui sofrem. Não conversem e muito menos toquem nesses irmãos que agonizam.

Fiquem perto uns dos outros. Nosso destino é uma pequena cabana no fim do vale. Lá encontraremos abrigo e o administrador desse lugar. Ele é quem vai nos auxiliar.

Todos respondem a Ventania com o sinal positivo de cabeça.

A caminhada recomeça lentamente.

Nina se tranca dentro da carruagem, ela não deseja ver tanto sofrimento.

Ventania e o Negro seguem à frente do grupo, que passa entre os lamaçais. Vários espíritos enterrados até o pescoço agonizam, uns sem cabelo, outros totalmente atolados na densa lama negra que mais parece um mar de piche, mulheres, jovens, suicidas, senhores e senhoras choram lamentando a morte. Uns pedem socorro ao enxergarem a caravana que lentamente passa entre eles. São milhares de corpos presos àquela lama negra. Na verdade, é um mar de espíritos presos naquela lama. Muito choro e lamento. Alguns gritam, outros, já sem forças, choram lamentando seu estado. Uns gritam: "Mãe, me ajude!" Outros imploram pela misericórdia divina. Muito sofrimento e penúria naquele lugar.

Nina, no interior da carruagem, tapa os ouvidos na esperança de não ouvir os lamentos.

Felipe, impressionado com o que vê, procura olhar para a pequena trilha, evitando o contato visual com aqueles que sofrem.

Nicolas e Lucas caminham lado a lado.

Rodrigo segue em um espaço intermediário entre seus amigos.

Tudo é muito triste, meu coração está em lágrimas.

Muitos choram implorando auxílio.

– Vamos, amigos, não olhem fixamente para esses irmãos, infelizmente nada podemos fazer – diz Ventania.

A caravana segue lentamente entre milhares de corpos mutilados.

Uns têm aparência de verdadeiros zumbis, outros têm a pele descascada como se soltassem do osso.

O lugar é o retrato do mau comportamento, das más atitudes e da falta de amor a Deus.

Bem ao final da estrada, pode-se ver uma pequena cabana. O telhado é de sapê. Uma pequena varanda com uma só cadeira é a principal porta de entrada da pequena casa. Um quintal cercado com pedaços de bambu amarelado separa os corpos presos à lama do lugar que parece ser de residência de alguém.

– Vejam, a cabana está à frente – diz o Negro.

Todos olham e se sentem aliviados, afinal, estão chegando ao seu destino.

– Nina, estamos chegando – diz Felipe.

– Vamos rápido, Felipe, por favor – diz Nina.

– Estamos próximos, Nina – diz Silas ao lado de Felipe.

Após alguns metros, todos chegam à cabana. Ao entrarem no quintal livre de espíritos enterrados, todos descem da montaria. Nina permanece dentro da carruagem, sem coragem para descer.

Felipe se aproxima e tenta falar com ela.

– Você não vai descer, Nina?

– Não, Felipe, por ora, não.

– Está bem, eu vou até a cabana com os outros e já volto.

– Não me deixe aqui sozinha Felipe, por favor.

O Negro se aproxima.

– Pode ir, Felipe, deixe que eu tomo conta da Nina.

Felipe então diz a Nina que o Negro vai ficar tomando conta da carruagem.

– Está bem, Felipe. Obrigada, amigo Negro!

– Fique sossegada, Nina, eu vou ficar aqui fora – diz o Negro.

– Obrigada, meu amigo.

Felipe então toca o ombro do amigo e se dirige ao encontro dos demais amigos que o aguardam na porta da cabana.

– Venha, Felipe, vamos entrar – diz Rodrigo.

Suavemente, Ventania empurra a porta, que não tem tranca, e a visão os surpreende.

Sentado em uma enorme cadeira, rodeado de incensos e flores feitas com pedaços de pano, está sentado um guardião de nome Santana, que ao ver a presença de Ventania, saúda-o com alegria!

– Até que enfim chegaram os iluminados de Amor e Caridade.

– Bons dias, meu amigo Santana – diz o Índio.

– Bons dias, Ventania e demais amigos, entrem, sejam bem-vindos!

Todos entram e Silas tem o cuidado de encostar a porta.

– Esses são os meus amigos Rodrigo, Silas, Lucas, Nicolas e Felipe.

– E a jovem, onde está?

– Nina?

– Sim!

– Ela ficou na carruagem – diz Felipe.

– E por que ela não entra?

– Ela está muito assustada com tudo o que está vendo por aqui.

– Aqui?

– Sim, esses corpos enterrados e sofrendo a assustam.

– Vocês não contaram nada a ela?

– Nada o quê? – pergunta Lucas.

Rodrigo faz um gesto com os braços como se dissesse “fiquem calmos e falem baixo”.

– O que está acontecendo aqui, Rodrigo? – pergunta Lucas.

– O amigo ao qual viemos buscar tem fortes laços com a Nina – diz Felipe.

– Como assim fortes laços?

– Nós viemos buscar o pai da Nina – diz Felipe.

– Meu Deus, o que ele faz nesse lugar?

– Lucas, esse lugar, como já explicamos, é um dos piores lugares que o espírito pode experimentar. Aqui, há muito sofrimento. Nesse lugar estão aqueles que se voltaram contra a Lei Maior.

– Isso você já me explicou, amigo.

– Pois bem. George, após a morte de Nina, afastou-se do espiritismo. E levou com ele toda a família. Ele se envolveu religiosamente com uma seita, fanáticos seguidores de um líder que está enterrado até o pescoço aqui mesmo nesse lugar. Ele e seus fiéis estão aqui há cerca de seis anos.

– Meu Deus – diz Silas.

– George foi trazido para cá após o líder ordenar que ele abrisse uma nova missão evangelizadora em outra cidade.

Eles já tinham muitas igrejas.

– O que o trouxe para cá?

– Um acidente automobilístico.

– Ele, ao chegar aqui, perguntou-me onde era a porta do paraíso – diz Santana.

– Belo paraíso eles encontraram – diz Lucas.

– Há quanto tempo ele está aqui?

– Seis longos anos, como já lhes disse – diz Santana.

– E onde é que ele está?

– Há uns cem metros da cabana.

– Então vamos buscá-lo logo e ir embora desse lugar – diz Nicolas.

– Só a Nina pode resgatá-lo – diz Santana.

– Como assim só a Nina?

– Ela é quem tem luz suficiente para tirá-lo da lama. Aliás, é dela essa missão, esse compromisso!

– Meu Deus, como vamos conseguir isso? Será que a Nina vai fazer isso?

– Felipe, vá até a carruagem e converse com a Nina, por favor – diz Ventania.

– Eu?

– Sim, só você é capaz de convencer a Nina a fazer isso.

– E vocês, não vão? Eu tenho que ir sozinho?

– Vamos te esperar aqui – diz Rodrigo se sentando em um banco ao lado de Santana.

– Sentem-se, amigos – diz o anfitrião oferecendo lugar a todos.

– Eu vou conversar com ela – diz Felipe saindo da cabana.

Ao caminhar em direção à carruagem, Felipe busca em seus pensamentos argumentos para explicar à Nina o que está acontecendo com o seu pai.

“Meu Deus, o que vou falar para ela? Como explicar o que está acontecendo com o seu pai? Será que ela já não sabia disso? Por que ela não foi informada sobre o sofrimento de George?”

Enquanto caminha, Felipe se enche de dúvidas.

Um vento frio invade o lugar. A escuridão é total. O Negro havia acendido uma espécie de tocha capaz de iluminar a carruagem em que Nina estava e alguns metros em volta da carruagem. O vento e uma densa poeira dificultam a visão no Vale da Morte.

Felipe se aproxima lentamente.

– Olá, Negro!

– Oi, Felipe, e aí, resolveram quem vamos levar?

– Está difícil, meu amigo, preciso conversar com a Nina sobre isso.

– Está bem. Ela está dormindo, eu acho!

– Vou entrar na carruagem e conversar com ela.

– Estarei aqui na guarda.

– Obrigado, amigo.

Felipe sobe lentamente na carruagem e abre a lona que protege Nina do frio e da escuridão.

Nina está deitada.

– Oi, Felipe.

– Oi, Nina.

– O que houve?

– Preciso conversar com você!

– Pode dizer, meu amor.

Felipe se senta e coloca a cabeça de Nina em seu colo. Acariciando seus cabelos ruivos, ele olha fixamente para os lindos e esverdeados olhos da iluminada Nina.

– O que está acontecendo, Felipe?

– Nina, eu preciso muito que você fique calma.

– O que está havendo, Felipe?

– Como sabes, muita coisa nos é oculta para evitar nosso sofrimento. Embora desencarnados e vivendo nas colônias espirituais, muita coisa da vida terrena nos é poupado para evitar que soframos. Você sabe disso.

– Misericórdia divina, Felipe, Deus quer que seja assim para que não soframos ao ver quem amamos em sofrimento.

Eu sei que é assim.

– Isso, Nina, isso mesmo!

– Onde você quer chegar, Felipe?

– Você se lembra de George, seu pai?

– Sim, meu pai na última encarnação. Espírito ligado a mim por diversas vidas. Estamos evoluindo juntos.

– Ele está aqui.

– Aqui?

– Sim. George está preso a essa psicosfera.

– Mas ele não merece isso aqui. O que ele fez?

– Foi explicado a nós que seu pai se envolveu com um líder religioso que, através de uma fé cega, levou uma comunidade inteira a segui-los, fizeram com que essas pessoas se despojassem de seus bens para enriquecer a suposta igreja. Tudo mentira, enganaram centenas de pessoas e enriqueceram.

– Como assim, Felipe? Eu deixei o meu pai dentro do espiritismo. Eu mesma os evangelizei, meu pai e minha mãe se tornaram tarefeiros e muito me auxiliaram quando desencarnei.

– Nina, o que os levou a seguirem um líder, uma seita, eu não sei. Só sei que seu pai está aqui e só você pode tirá-lo desse sofrimento.

– Mas eu tenho medo de ir lá fora. Só de ouvir esses espíritos em sofrimento eu temo, meu coração sofre.

– Nós estaremos com você, meu amor.

– O que será que o meu pai fez para estar aqui, meu Deus? Como assim, nessa região? E minha mãe, onde está? Eu preciso dessas respostas. Estou confusa.

– Meu amor, eu sabia que tínhamos uma missão muito especial nesse lugar. Daniel me pediu que viesse, pois disse-me que você iria precisar de mim, ele me falou sobre seu pai, mas nada sei ainda sobre a sua mãe.

– Por que Daniel nos ocultou isso?

– Não faço a mínima ideia, Nina.

– Eu tenho medo, Felipe.

– Eu sei, meu amor, mas, segundo me disseram, só você pode retirá-lo desse lugar.

Por alguns minutos, Nina fica calada refletindo. Seu olhar se perde.

– Você pode chamar o Rodrigo para mim, Felipe?

– Sim, claro – diz Felipe.

– Preciso perguntar uma coisa a ele.

– Está bem, vou chamá-lo – diz Felipe se levantando e saindo da carruagem.

O Negro se aproxima para iluminar o caminho de Felipe.

– O que houve, Felipe?

– Ela deseja falar com o Rodrigo, eu vou chamá-lo.

– Está bem! – diz o Negro voltando a cuidar de Nina.

Felipe caminha até a cabana e entra buscando se aquecer. O frio é intenso naquele lugar. A poeira está mais forte.

– Que frio é esse? – diz ele ao entrar no ambiente.

– É o frio da morte – diz Santana.

– Frio da morte?

– Sim, é a hora em que mais espíritos chegam a esse lugar, e outros são levados para as colônias. A poeira é para dificultar que eles vejam onde ficarão em sofrimento.

– Há fluxo de trabalho aqui?

– Há trabalho em toda parte do universo, meu amigo – diz Santana.

– Todo o universo está em movimento – diz Rodrigo.

– É verdade, Deus quer que seja assim, estamos evoluindo e, querendo ou não, a humanidade caminha para a perfeição – ressalta Lucas.

– Conversou com ela, Felipe?

– Sim, Rodrigo, ela está muito insegura e pediu para conversar com você.

– Comigo?

– Sim. Expliquei para ela o que está acontecendo com o George, ela ficou reflexiva e me pediu para chamar você. Ela quer conversar com você.

– Vou até lá falar com ela – diz Rodrigo se levantando.

– Proteja-se do frio e da poeira, isso tudo só vai aumentar daqui por diante – diz Santana.

Rodrigo coloca a capa para sair em direção à carruagem.

Todos haviam tirado a capa para se aquecer na fogueira dentro da cabana. Felipe o segue.

– Posso te perguntar uma coisa, Santana?

– Sim, jovem. Como é mesmo o seu nome?

– Lucas, senhor, Lucas.

– Sim, Lucas, pode perguntar, mas antes... Ventania, meu amigo, peço-lhe que acompanhe Rodrigo até a carruagem e auxilie o Negro na segurança da carruagem. As coisas por aqui vão piorar.

– Pode deixar – diz Ventania se levantando.

– Vamos às perguntas, Lucas!

– Por que Ventania tem que auxiliar o Negro na segurança? O que é verdadeiramente esse lugar? Por que tanto sofrimento? Quem é você?

– Vou te responder primeiramente quem sou eu. Eu me chamo Santana, fui um soldado romano, na verdade eu fui Caio Mário, um general que comandou as tropas romanas no século II antes de Cristo. Adquiri muita experiência sendo soldado em quase todas as minhas encarnações.

Embora vocês não estejam vendo, nesse momento, eu comando aproximadamente duzentos e trinta espíritos que trabalham comigo aqui no Vale da Morte. Meus comandados estão no portal nesse momento. Como disse, essa é a hora da entrada e da saída, e há uma logística que precisa ser cumprida nesse momento. Aproveito o ensejo da pergunta para informá-los de que, caso decidam pelo resgate do espírito sofredor de nome George, vocês têm que aproveitar esse momento, pois o portal fecha meia-noite.

– Precisamos avisar isso à Nina e ao Rodrigo – diz Silas impressionado com as informações que Santana lhes dá.

– Respondendo à sua segunda pergunta, esse lugar é a condensação dos sentimentos daqueles que falsamente seguem as palavras sagradas. É o lugar que melhor recebe os que usaram da fé alheia para arrecadar fortunas, aqueles que se valeram da evolução conquistada para arrebatar milhares de pessoas e transformá-las em um rebanho de tolos. Falsos pastores, sacerdotes pedófilos, falsos bispos, apóstolos enganadores, padres decaídos, enfim, todos aqueles que, de alguma forma, se utilizaram das informações sagradas para bem próprio. Esse lugar reúne o que de pior existe sobre o orbe terreno. O sofrimento é consequência do falso arrependimento, pois nem o arrependimento desses espíritos é sincero. Nem para isso eles são capazes.

– Quer dizer que todo esse lamento é falso?

– Foi assim que eles foram ensinados. Eles foram doutrinados a pedirem o tempo todo. Nunca lhes ensinaram que é dando que se recebe. Ensinaram a eles a doar seus bens como troca da felicidade na vida eterna e não a troca de bons sentimentos e boa vontade, aquela que realmente eleva o espírito.

– Santo Deus – diz Silas.

– E tem mais. Aqui, não adianta você pensar em se arrepender, aqui não adianta você seguir quem quer que seja. O que te tira daqui é o perdão daqueles que você feriu, daqueles que você fez mal, daqueles que você julgou incapaz. Daqui só saem os que Deus perdoa.

– Desculpe-me a pergunta, Santana, mas por que você, um espírito tão antigo, trabalha nesse lugar?

– Colho, aqui, as mazelas da minha alma. Sou um guardião, fui treinado para isso. Protejo, amparo, cuido, alimento, auxilio sempre seguindo a orientação maior.

– Quero parabenizá-lo por seu trabalho – diz Nicolas.

– Obrigado, meu jovem.

– Realmente não deve ser nada fácil fazer o que você faz por aqui.

– Nicolas, você me parece o mais jovem desse grupo. Pelas informações que me foram passadas, você é um jovem aprendiz.

– Sim, Santana, eu sou um dos mais jovens da colônia.

– Pois bem, meu rapaz, aprenda uma coisa. Tudo o que semeias, colherás. Muitos desses espíritos que estão aqui foram pessoas importantes nas sociedades em que viveram, foram padres, pastores, bispos, líderes espirituais respeitados, espíritas renomados que se esqueceram da Lei Maior e se transformaram impulsionados pelo ego ou pela vaidade a chegarem a esse lugar.

– Qual é a Lei Maior, Santana?

– A Lei Maior é aquela que diz: amai-vos como eu vos amei. Sendo assim, nenhuma fortuna existente sobre o universo é capaz de te aproximar do Criador. Nenhuma palavra escrita, em nenhum livro, é capaz de te conduzir ao amor maior. E nada, nada mesmo, lhe salvará, a não ser o verdadeiro amor, não o amor que você sente pelos que te cercam, não é o amor pelos animais, pelas florestas, pela Criação e muito menos pelas criaturas. O amor que vai te aproximar da vida plena, da felicidade consoladora, da plenitude eterna é o amor que carregas escondido nas entranhas de teu coração. O amor da dor do próximo, o amor do perdão ao próximo, o amor a tudo o que Ele criou para a tua felicidade, portanto, amigos, ame hoje, pois o amanhã pode ser tarde demais.

– Obrigado por seu ensinamento, Santana – diz Lucas emocionado.

– Só um espírito de sua envergadura seria capaz de administrar um lugar como esse, Santana – diz Silas.

– Obrigado, Silas.

Todos se sentam ao lado do iluminado Santana, que lhes serve um chá preparado para a ocasião.

Rodrigo chega à carruagem para conversar com Nina.

– Ela está trancada dentro da carruagem, Rodrigo – diz o Negro.

– Eu vou subir e falar com ela.

Ventania se aproxima do Negro.

– Vou ficar aqui com você por orientação do Santana.

– É um prazer tê-lo aqui, meu amigo.

Lentamente, Rodrigo, retira a lona que dá acesso ao interior da carruagem. Nina está sentada com os cotovelos sobre os joelhos e com as duas mãos sobre o rosto.

– Com licença, Nina.

– Entre, Rodrigo.

Ele entra e se senta na lateral onde há um banco.

– O que você quer falar comigo, Nina?

– Eu quero te perguntar algumas coisas, meu amigo, você pode me responder? Você pode me ajudar?

– Sim, claro que sim!

– Você sabia que era o meu pai que viríamos buscar?

– Eu desconfiava que seria uma pessoa muito importante para você, Nina.

– Daniel não te falou nada?

– Ele me pediu total atenção e apoio a você, por isso desconfiei ser alguém importante. Algum familiar.

– Eu estava com uma angústia muito grande no começo dessa viagem, logo que o Felipe nos encontrou, ela foi embora. Desconfiei dos meus sentimentos, mas preferi confiar nos desígnios de nossa mentora.

– Catarina sempre cuidou muito bem de você, Nina.

– É, eu sei.

– Vamos resgatá-lo ou não, Nina?

– George sempre foi um excelente pai para mim. Tenho lindas recordações da minha infância, mas confesso estar estarrecida pelo fato de ele ter deixado o espiritismo e estar aqui nesse abismo.

– Livre-arbítrio, Nina.

– Eu sei, meu amigo, quem sou eu para julgar qualquer espírito.

– Então me explique o que está havendo? Por que você hesita em resgatá-lo?

– Vamos aos fatos.

– Pera aí, Nina, lá dentro tem um chá quentinho nos esperando, uma fogueira aquecedora, e você fica aqui trancada nessa carruagem deixando todos nós preocupados?

– Você quer que eu entre na cabana?

– Sim, lá você pode explicar a todos os seus motivos. Não sou merecedor de segredos.

– Não é questão de segredo, é que confio muito em você, afinal, estamos juntos há milhares de anos. Eu, na verdade, quero o seu conselho.

– Você se importa se formos lá para dentro?

– Não, não me importo, podemos ir, sim.

– Então venha, vamos entrar. O Negro e Ventania estão sofrendo aqui fora por sua causa.

– Meu Deus, meus amigos, nem tinha pensado nisso.

– Venha, Nina, vamos para a cabana.

– Tem espíritos sofrendo aí fora?

– Aqui, no quintal da cabana, não tem ninguém, só o Índio e o Negro.

– Então vamos – diz Nina se levantando.

Nina e Rodrigo saem da carruagem auxiliados pelo Ventania e pelo Negro. Felipe está a seu lado, apoiando-a.

– Até que enfim vamos sair desse frio, Negro – diz Ventania.

– Perdoem-me, meus amigos – diz Nina envergonhada. Assim, os cinco amigos chegam à cabana.

– Olha quem me deu a honra da visita – diz Santana se levantando.

– Deus, é você, Caio Mário?

– Sim, Nina, sou eu!

– Meu Deus – diz Nina correndo e se jogando nos braços do lindo soldado romano.

– Vocês se conhecem? – diz Felipe.

– Eu e a Nina nos conhecemos a muitos anos atrás.

– Como esse mundo é pequeno – diz Lucas.

– Menor do que imaginas – diz Santana. – Sente-se aqui ao meu lado, Nina. Beba um pouco do chá que preparei para os nossos amigos.

– Obrigada, Caio.

– É melhor você me chamar de Santana.

– Perdoe-me, você se chama Santana agora?

– Sim, Nina, eu me chamo Santana!

Nina se senta ao lado do guardião, que lhe serve um pouco de chá retirado de uma velha chaleira que descansa sobre as brasas da fogueira que aquece o lugar.

– Que frio faz nesse lugar – diz Nina.

– Santana nos explicou que esse frio é devido ao portal que está aberto, aliás, nosso tempo aqui é curto, precisamos aproveitar o portal aberto para sairmos daqui.

– Isso é verdade?

– Sim, Nina – diz Rodrigo.

– Por que hesitas em levar George, Nina?

– Bem, eu estava mesmo conversando com o Rodrigo sobre isso. Meu pai me traz lembranças maravilhosas da minha infância, sempre foi um homem bom, justo, honesto e trabalhador. Quando eu desencarnei, ele e a minha mãe se iniciaram na doutrina espírita, o que muito me deixou feliz, afinal, esse é o caminho.

Todos se sentam para ouvir Nina.

O Negro se senta ao lado de Ventania e pega um copo com chá.

– Após alguns anos estando na colônia, tive a oportunidade, junto a Daniel, de reviver algumas vidas passadas. Lá descobri os reais motivos por que George reencarnou com a missão de ser o meu pai e me perder tão cedo. Como todos sabem, na última encarnação, eu desencarnei aos vinte e quatro anos por uma doença do coração. Tudo estava programado para ser assim, era através do meu desencarne que meu pai e minha mãe se encontrariam novamente com o espiritismo para nele se reconciliarem e resgatarem o mal que fizeram à doutrina no começo do século.

– Lá vem bomba – diz Lucas.

– Meu pai foi nada mais nada menos que o Bispo Antônio, que, em 1861, ordenou que fossem queimados em praça pública diversos livros espíritas recém-lançados por Allan Kardec. Desde então, ele encarna tentando resgatar essa e tantas outras faltas que ele cometeu pela cegueira da fé. Ele perseguiu o espiritismo por muitos anos. George pediu que, sempre que possível, fosse-lhe permitido encarnar padre, bispo, sacerdote, algo sempre ligado à igreja que ele tanto defendeu. Minha mãe, sempre a seu lado, o apoiava em tudo. Foi uma das freiras que o auxiliaram a cometer várias atrocidades, principalmente aquelas que juntos cometeram contra a doutrina espírita. Nessa última encarnação, onde estivemos juntos, tentei fazê-los enxergar a verdade, e os deixei encaminhados. A opção pela morte ainda jovem pela doença do coração foi combinada antes de reencarnarmos. Minha doença tinha por objetivo levá-los definitivamente para o espiritismo, pois é a doutrina consoladora. Muitos dos que chegam ao espiritismo pela perda de um filho, vieram a ele por misericórdia divina. Pelo visto, eles se perderam novamente.

– Inconscientemente, somos tentados a nos desviar do verdadeiro caminho, Nina. A batalha entre o bem e o mal é antiga e sabemos disso. Vigiar nossos sentimentos e a razão é o que nos aproxima da perfeição. Muitos se perdem na vaidade. Sabemos o caminho, mostramos o caminho, orientamos sobre o caminho, auxiliamos quem está no caminho e mesmo assim a inveja, o ego, a insegurança e falta de fé no que é lógico afastam os espíritos de seus mais íntimos resgates – diz Santana.

– Pois é, meu amigo. Agora, estou eu aqui novamente diante desse espírito que tenho auxiliado por diversas encarnações. Pelo que vejo, ele cometeu o mesmo erro.

– Ele está aqui sofrendo muito, Nina – diz Santana.

– O que faço?

– O portal nos espera, Nina – diz Lucas.

– Fique bem à vontade, Nina – diz Rodrigo.

– Posso lhes dar um conselho?

– Sim, Santana, claro que sim – diz Rodrigo.

– Durmam aqui hoje. Vou preparar algumas camas para vocês descansarem, deixem a Nina refletir e decidir o que é melhor para ela e para o espírito George. Amanhã, logo cedo, eu vou receber duas visitas que podem vos auxiliar. O portal se fecha daqui a pouco, mesmo que corram, talvez não dê tempo de vocês o alcançarem. Amanhã cedo ele se abre novamente e vocês terão tempo para voltarem para Amor e Caridade.

– Duas visitas? Como assim?

– Sim, duas meninas que muito me auxiliam nesse trabalho aqui. Se não se importam, descansem, e amanhã vocês decidem tudo.

– Mas amanhã já é o quinto dia, nosso prazo vai ficar apertado – diz o Negro.

– Confiem na providência divina, vamos esperar – sugere Felipe.

Com olhar meigo, Nina sugere que todos esperem, afinal, está cansada.

– Vamos amanhã, então – diz Rodrigo sentenciando a decisão.

Todos conversam e, após algum tempo, descansam nas camas oferecidas por Santana.

A noite fria passa lentamente para os iluminados mentores de Amor e Caridade.

Os lamentos dos espíritos que sofrem naquele lugar quase não são mais ouvidos. O silêncio é total.

Todos descansam.

E eu assistindo a tudo aquilo calado refletindo sobre todos os ensinamentos que os iluminados espíritos me passavam. A noite foi longa e cansativa para mim. Rodrigo me olhava com ternura.

“

O encontro das almas se dá na vida eterna.

Nina Brestonini

”

Dia 5

Dia 5

O dia amanhece no Vale da Morte. O sol clareia parte do lugar, os espíritos agonizantes estão calados.

Uma carruagem se aproxima. Um cocheiro vestido de branco traz duas jovens que se aproximam da entrada da cabana.

Todos já estão acordados e conversando. Nina, sentada ao canto, permanece calada, afinal, ela tem uma importante decisão a tomar.

Felipe está a seu lado.

A porta se abre e as duas jovens adentram o lugar.

– Bom dia – diz a primeira jovem ao entrar.

Loira de olhos azuis, a menina mais parece um anjo perdido naquele sombrio lugar.

A seu lado, uma outra jovem de cabelos negros e longos, olhos castanhos e pele clara. As duas vestem um hábito religioso de cor marrom que lhes cobre todo o corpo.

Nina olha para as meninas e fica impressionada com tamanha beleza das jovens.

– Bom dia – diz Santana se levantando e abraçando as recém-chegadas.

Abraçando as jovens e orgulhoso com a presença das duas, Santana anuncia as recém-chegadas.

– Pessoal, essa é a Cristal, e essa chamamos carinhosamente de Catarina.

– Muito prazer – diz Felipe se levantando e cumprimentado as jovens.

Todos repetem o gesto, menos Nina, que permanece sentada.

– Senhores, essas são minhas auxiliares, elas são minhas melhores companhias nesse lugar.

– O que elas fazem? – pergunta Lucas.

– Auxiliam-me no acolhimento daqueles que serão levados para as colônias.

– Vocês estiveram com o George? – pergunta Nina intrometendo-se na conversa.

– Sim, Nina, ele já está pronto para seguir com vocês para a colônia, se assim desejar.

– Pronto, como assim?

– Após você ter emanado sobre ele sua luz, nós o tiramos daquele lugar – diz Cristal.

– Você é muito bonita, Cristal – diz Nina.

– Obrigada, você também é encantadora, Nina.

– Parece-me que te conheço.

– Será? – diz Cristal.

– Bom, deixemos isso para o tempo. Ele está pronto?

– Sim, ontem nós retiramos ele da lama, como disse, ele tomou um bom banho e está esperançoso em te reencontrar.

Ele chorou algumas vezes durante a noite. Disse que a saudade machuca seu peito e que se arrepende muito de tudo o que fez.

A menina Catarina permanece calada, observando tudo de pé ao lado de Cristal, que conversa com todos.

– Então, Nina, você decidiu? – pergunta Rodrigo.

– Rodrigo, meu amigo, eu sei que o perdão é o que nos move na espiritualidade. Sei também que ele merece mais oportunidades, e quem sou eu para julgá-lo? Mas alguma coisa dentro de mim não está bem com essa situação, confesso.

– Será algum ressentimento de vidas passadas?

– Não sei, Rodrigo, como lhes disse, eu revivi algumas de minhas vidas ao lado do George e da minha mãe. Não sei por que estou com essa dúvida dentro de mim.

Catarina se aproxima de Nina.

– Eu posso me sentar a seu lado, Nina?

– Claro, Catarina. Dê-me a honra de sua companhia.

– Nina, nosso ser é um arquivo das vidas pretéritas, tudo o que vives vai se acumulando dentro de seu Eu interior, você sabe disso. Algumas lembranças são apagadas para não gerar mais sofrimento. A muito tempo atrás, eu e você ajudamos muita gente a se encontrar com Jesus, trabalhamos incansavelmente pelo bem comum. Lembro-me de quando nos sentávamos para olhar a cidade que ficava aos nossos pés, minha casa era, na verdade, um palácio localizado no alto da mais linda colina de Alexandria.

Nina não se contém e começa a chorar. Rodrigo, Lucas, Nicolas e Felipe estão visivelmente emocionados.

Todos se ajoelham diante da jovem menina, que prossegue:

– Dali olhávamos os pobres que sofriam pela fome. Tirávamos de minha casa as mais quentes cobertas e aquecíamos os anciões que sentiam frio no intenso inverno do Egito. Com os alimentos comprados pelo meu pai para o nosso sustento, fazíamos juntas uma deliciosa sopa e servíamos aos miseráveis. Antes que o império romano tomasse todos os meus bens, após a morte de meus pais, nós vendemos quase tudo e doamos o que podíamos para os mais necessitados. Ensinamos crianças a ler e escrever, abrigamos andarilhos, ampliamos o amor. Você pode não lembrar de muita coisa, mas eu lhe asseguro que sua decisão de hoje vai mudar muito o destino de George.

Nina começa a levar suas mãos ao encontro das mãos de Catarina, que as acolhe carinhosamente.

Todos choram ouvindo o relato da jovem menina de nome Catarina.

Todos percebem se tratar da mentora espiritual e se ajoelham diante de tanta luz.

Carinhosamente, Catarina esfrega as mãos de Nina, que, envergonhada, abaixa a cabeça e deixa as lágrimas correrem pelo seu lindo rosto.

– Muitas vezes precisei perdoar e você sempre esteve ao meu lado. Encontrei forças para suportar meu martírio nas palavras da minha amiga Nina, que nunca se separou de mim. Foi você, Nina, quem me deu o suporte que precisei para vencer o mundo e seus desafios. Foi você, Nina, quem me amparou nos seus braços no momento da minha mais dolorida morte. Foi você, Nina, que me ensinou o perdão. Agora, titubeias em frente a mais um desafio. Eu estarei sempre ao lado de vocês, meus fiéis amigos, jamais os deixarei com dúvidas evolutivas, sempre os abraçarei e os acolherei diante das incertezas da evolução. Sigam seus destinos apoiados no amor. Sigam em frente sempre que as incertezas lhe encherem a alma e, por fim, confiem sempre nos seus instintos, pois é neles que habita o Senhor. É nas transformações íntimas que Ele se alegra com seus filhos. E, alegrando ao Pai, evoluímos para a eternidade, confiem, orem, amem e tudo se cumprirá.

Todos, chorosos e impressionados, olham fixamente para a jovem de cabelos negros.

Catarina se coloca de pé, sua aura reflete todo o ambiente e a luz invade o lugar.

Emocionada, Nina mal consegue falar.

Santana se levanta e conduz as duas meninas até a porta da cabana, elas deixam o lugar.

Todos estão emocionados com o relato da jovem Catarina.

– Meu Deus, como Tu és bondoso para comigo – diz Nina emocionada.

Rodrigo se aproxima de Nina e a abraça.

– Era ela, não era, Rodrigo?

– Sim, ela veio te abraçar novamente.

– Oh, Catarina, como eu te amo! – diz Nina emocionada.

– Nós a amamos também, Nina – diz Rodrigo.

– Por que ela não apareceu como é para mim, por que ela usou uma forma que desconheço?

– Ela não apareceu da forma que ela é, não foi para você, e sim para os outros que estão aqui e que não a conhecem. Imagina se ela se apresenta como é, com toda a sua grandeza e sua luz?

– Sempre humilde. Sempre amorosa e compreensiva, essa é Catarina de Alexandria – diz Nina.

– Vamos orar por esse momento, vamos agradecê-la por nos ensinar o perdão – diz Rodrigo.

– Deem as mãos, amigos – diz Felipe se aproximando.

Uma corrente é feita, todos dão as mãos e oram agradecendo pela presença da tão iluminada Catarina de Alexandria.

Após a oração, Nina decide que George deve ser levado para Amor e Caridade.

– Pessoal, vamos levar meu pai!

– Vamos agora mesmo – diz Ventania.

– Preparem-se, amigos, e vamos buscá-lo – diz Santana se aproximando da porta da cabana.

Todos estão felizes, afinal, Nina se decidiu.

Um a um, os iluminados deixam o lugar seguindo Santana.

– Ventania, você e o Negro preparem os animais, assim que voltarmos, vamos seguir de volta à colônia.

– Pode deixar, Rodrigo!

– Venham – diz Santana.

Nicolas, Lucas, Felipe, Rodrigo e Nina seguem o guardião por uma trilha que os leva a uma pequena caverna muito próxima à cabana.

Santana é o primeiro a entrar, seguido pelos demais espíritos. Nina titubeia e é a última a chegar no lugar.

Sentado em um banco, no fundo da pequena caverna, está George. Barba por fazer, roupas limpas e arrumado. Descalço e com o olhar triste. Rodrigo é o primeiro a se aproximar do homem.

– George, como está? – diz Rodrigo o abraçando.

– Agora estou melhor, senhor, muito obrigado por me ajudar.

– Viemos para te buscar.

– Para onde vocês vão me levar?

– Para um lugar melhor que esse, podes ter certeza.

– Estou há muito tempo aqui sofrendo. Vocês são enviados de Deus ou do outro?

– Somos trabalhadores do amor.

– Como assim?

– No caminho, eu te explico melhor, aliás, temos aqui uma pessoa que vai te explicar tudo.

– É?

– Sim, venha, Nina – diz Rodrigo em voz alta.

Nina adentra a caverna. Emocionadíssimo, George se joga nos braços da filha. Ambos choram compulsivamente.

– Minha filha, como orei a Deus por esse dia, eu tinha certeza que você viria me buscar. Sempre confiei no seu amor.

– Meu pai, eu te amo – diz Nina,visivelmente emocionada.

Todos se emocionam com o encontro.

Nina, olhando para George, faz carinho em seu rosto arrumando a sua barba.

– Tá barbudo.

– É, aqui não tem como fazer a barba, filha. Como você está bonita, Nina.

– São os seus olhos, pai.

– Orei tanto a Deus por esse encontro.

– Graças a Ele, eu pude vir aqui te buscar. Agora, vamos embora que temos ainda uma longa viagem pela frente.

– Vamos, filha. Quem são todos esses homens? São seus amigos?

– Todos são do lugar em que vivo, papai. No caminho, eu te explico tudo.

– Eu sofri muito aqui, minha filha, estava preso a essa lama que não nos deixa sequer pensar.

– Vamos para a carruagem.

– Que carruagem?

– Aquela lá, olha!

Levantando o olhar, George finalmente se vê liberto daquele lugar, ele sente que chegou a hora da paz que tanto pediu a Deus.

– Começo a sentir uma paz imensa dentro de mim, Nina.

– Isso é bom, pai.

– Para onde vamos?

– Para a colônia em que vivo.

– É muito longe?

– Uns dois dias de viagem.

– Então vamos, filha, esse lugar me causa muita dor. Eu desviei meu caminho e estou muito arrependido.

– Vamos, sim, paizinho. Depois conversaremos sobre isso, tá bom?

– Tá bom, filha, tenho que conversar muito com você mesmo.

– Nós vamos conversar, pai.

Todos chegam ao local onde a carruagem se encontra. Não há mais frio, só lama e escuridão.

– Aqui, terminamos esse encontro – diz Santana de pé em frente à carruagem.

– Não temos palavras para descrever o nosso agradecimento pela acolhida e por tudo o que você fez pelo George, Santana – diz Rodrigo.

– Meus amigos, levem um grande abraço meu ao Daniel, diga que estou com saudades do nobre espírito e que aguardo uma visita do meu Frei preferido.

– Levaremos seu recado com muita ternura – diz Nina.

– Obrigado por tudo, Santana – diz Felipe.

– Meus amigos, tomem logo a estrada, está perto a hora do frio. Que Deus e Catarina sejam os guias dessa volta à Colônia Espiritual Amor e Caridade.

– Obrigado, Santana – diz Lucas apertando a mão do amigo.

Todos se abraçam e a viagem de volta é tomada.

Após as despedidas, todos sobem nas montarias e seguem pela mesma estrada em direção ao portal.

Santana, emocionado, fica na estrada, dando adeus a seus amigos iluminados.

George senta-se ao lado de Nina. Abatido, ele busca, na luminosidade da linda Nina o conforto que precisa para a longa viagem.

Próximos ao portal, Ventania pede que todos parem, ele precisa tomar algumas decisões.

– Senhores, estamos muito próximos do portal. Por favor, parem, preciso passar algumas instruções a todos.

Todos param para ouvir o nobre guardião.

O Negro se posiciona ao seu lado.

Todos estão reunidos.

– Todos estão com os seus colares?

– Sim – respondem.

– E o meu pai, como vai ficar, Ventania?

– Esquecemos do colar dele quando viemos – diz Lucas.

– E agora, o que faremos? – diz Nicolas.

O Negro se aproxima de Nina e lhe entrega seu colar.

– Pegue, Nina, e coloque no seu pai.

– Mas você vai ficar desprotegido, meu amigo.

– Eu sou desse lugar, conheço as artimanhas do Umbral. Não se preocupe comigo, eu sei me cuidar. Qualquer coisa, salvem-me.

– Ventania, você concorda com isso?

– Rodrigo, o Negro é muito experiente. Ele sabe perfeitamente como lidar com os espíritos que habitam o Umbral.

– Mas teremos situações diferentes daqui para frente – diz Lucas.

– Não sabemos o que nos espera. Como dito, estamos na Quaresma e tudo pode acontecer.

– Nicolas, eu e Negro trabalhamos nas regiões mais densas da espiritualidade, posso lhe assegurar que já vimos de tudo, já enfrentamos quase tudo. O Umbral é como o plano dos encarnados, ele é subdividido, é como os bairros que existem no plano terreno, o que diferencia um lugar do outro são os portais que, nessa época, estão abertos. Mas há, sim, lugares menos densos aqui no Umbral, há lugares que chegam a ser bons, mas a maioria é denso e nebuloso.

Nós transitamos todos os dias pelas ruas do Umbral, pelos bairros do Umbral e pelas cidades do Umbral. O Negro está nessa missão há mais de duzentos anos, ele sabe o que faz e, para a segurança de todos, o melhor que podemos fazer é disponibilizar o colar protetivo ao George, que ainda sente no espírito a dor desse lugar.

– Nunca pensei que o Umbral fosse assim, Ventania – diz Silas.

– Tudo o que Deus criou é muito parecido, não há coisas mirabolantes na vida após a vida, tudo se assemelha e se completa. O Umbral é uma extensão da vida terrena.

Quem compreender a lei divina não passará por essas cidades e muito menos por esses bairros, mas, se não cumprir a reforma necessária ao espírito, certamente habitará essa região – diz Rodrigo.

– Quanta sabedoria, Rodrigo – diz Silas.

– Sabedoria, não, amigo, experiência e reforma íntima – responde o amigo.

– Temos muito a aprender ainda, Lucas – diz Nicolas.

– Foi por esse motivo que Daniel determinou a visita de vocês a esse lugar. Lucas já transita por regiões menos densas do Umbral para realizar algumas tarefas que lhe são dadas pelo Daniel. Eu e o Negro visitamos regiões mais densas. Rodrigo, Felipe e Nina têm permissão para ir para outros lugares, assim é a vida aqui, merecimento, amigos – diz Ventania.

– E bota trabalho nisso – diz Silas.

George assiste a tudo impressionado com a sabedoria e grandeza daqueles nobres espíritos.

– Senhores, já perdemos tempo demais, vamos seguir de volta para casa – diz o Negro.

– Sim, vamos!

Todos voltam à suas montarias e a viagem segue tranquilamente em direção ao portal do Vale da Morte.

George dorme ao lado de Nina enquanto a carruagem segue lentamente pelas estreitas ruas do Umbral.

Todos em silêncio.

A escuridão aumenta, obrigando Ventania a utilizar sua lança, que se acende, dando um pouco de luz aos animais.

Eles parecem conhecer o caminho e, um atrás do outro, seguem em direção à saída daquele lugar.

Seguem os iluminados o destino traçado por Catarina de Alexandria.

“

A morte é simplesmente um acontecimento biológico, é ele quem liberta o espírito eterno rumo às esferas superiores da espiritualidade.

Rodrigo

”

Dia 6

Dia 6

Após longa caminhada, eles novamente se aproximam do portal de saída do Vale da Morte. Nina implora aos amigos uma parada para o descanso. O dia começa a nascer no Umbral, podem-se ver pequenos raios de sol brigando com as nuvens para dar um pouco de vida àquele horrível lugar.

– Vamos parar um pouco, Ventania?

– Mais à frente, encontraremos um lugar descampado com algumas árvores. Lá poderemos acampar e descansar, Rodrigo, por ora, devemos seguir, quanto mais perto do portal, mais seguro para todos nós.

– Esse caminho que você está nos levando não é o mesmo que viemos.

– O outro está fechado.

– Como assim, fechado?

– Há uma batalha sendo travada entre espíritos de regiões diferentes. Sempre que os portais se abrem, alguns tentam tomar territórios de outros.

– Como uma guerra por espaço, é isso?

– Sim, é como uma guerra por terras, almas, riquezas e tudo mais.

– E isso está acontecendo?

– Sim, fui informado de que não deveríamos voltar pelo caminho que viemos. Sigo as orientações dos meus amigos.

– Perdoe-me, Ventania, mas eu não vi ninguém se aproximar de nós para lhe passar informações – diz Lucas.

– Olhem para aquele vale ao sul.

– Todos olham.

– Não tem nada lá, Ventania.

– Olhem com atenção.

– Só vejo fumaça e pouca luminosidade.

– A fumaça é usada como um transmissor de informações para nós índios.

– Você está vendo aqueles sinais de fumaça ao sul?

– Olhem.

– Todos olham e se pode ver que há realmente uma sequência nos blocos de fumaça que sobem ao denso céu do Umbral.

– Isso não é ficção, Ventania?

– Não, Nicolas, os apaches subiam aos montes e, de lá, soltavam sinais de fumaça para chamar seus exércitos para guerrear. Os chineses que guardavam a grande muralha também se comunicavam através da fumaça. Olhem os grandes tufos que eles estão me mandando.

Todos ficam impressionados com os enormes tufos de fumaça que aparecem ao longe.

– Quem está mandando esses sinais, Ventania?

– Outros guardiões amigos como o Diego.

– Aqui, nos comunicamos de várias formas, a mais usada é a fumaça – diz o Negro.

– Vivendo e aprendendo – diz Felipe.

– Vivendo, expiando e aprendendo – diz Silas.

– Vamos, amigos, estamos próximos ao local de descanso.

– Será que encontraremos água em algum lugar aqui, Ventania?

– Você pode até encontrar água, mas não recomendo o uso.

– Para que você quer água, Lucas?

– Banhar-me.

– Não há como banhar-se aqui no Umbral.

– Vamos em frente – diz o rapaz desapontado.

Após algumas horas, eles chegam a um local limpo e um pouco mais claro. Não chove, o lugar é seco.

Logo que chegaram, Rodrigo tirou os arreios dos animais para que eles pudessem descansar. Alguns se deitaram e outros ficaram próximos aos iluminados.

Uma fogueira é providenciada por Silas e Nicolas, que colhem gravetos na seca vegetação do lugar.

– Estamos seguros aqui, Ventania?

– Em nenhum lugar do Umbral estamos seguros, meus amigos. Enquanto não deixarmos o Vale da Morte, não estaremos seguros.

Nina desce da carruagem e procura se aquecer na fogueira. Felipe está a seu lado.

Silas havia providenciado alguns troncos de árvores que serviam de banco para todos.

Assim, todos se sentam em volta da fogueira.

– Onde está o seu pai, Nina?

– Na carruagem, logo ele vai estar aqui.

– Ele deve estar cansado, não é, Nina?

– Sim, Nicolas, no local onde George estava, mal dava para se mexer, imagina descansar.

– Coitado – diz Silas.

– E você, Nina, está melhor?

– Sim, Felipe, estando ao lado de vocês, não tenho como não ficar bem. Vocês são amigos especiais.

– Você é que é um espírito muito especial para nós, Nina – diz Rodrigo.

– Não tenho nada de especial, sou um espírito eterno que já compreendeu o que é minha existência. Sigo determinada a modificar-me todos os dias. Sei que é através do meu coração que vou alcançar meu objetivo. Alguns podem achar que já atingi luz suficiente para saber todas as coisas do universo. O que são todas as coisas do universo? Quem de nós se arrisca a saber tudo sobre a vida? Somos espíritos em evolução, simples assim!

– Nós nos espelhamos em você, Nina, para evoluir – diz Lucas.

– Obrigada, querido Lucas. Eu agradeço todos os dias à minha amiga mentora por ter me dado amigos como vocês.

– Seria muito bom se todos os espíritos acreditassem em si mesmos, né, Nina?

– Sim, Nicolas, seria muito bom se todos compreendessem a existência. Seria muito bom se todos buscassem dentro de si a essência de Deus que está ali adormecida, esperando o despertar divino para engrandecer o espírito eterno. Seria muito bom se todos fossem humildes.

– O homem é fraco, Nina – diz Silas.

– Mas o espírito é forte, intenso e perfeito, Silas. E foi criado para atingir a perfeição. A estrada é longa, meus amigos – diz Rodrigo.

– Eu gostaria tanto que essas palavras entrassem dentro das pessoas e as transformassem definitivamente – diz Nina.

– Quais palavras, Nina?

– Você é um Ser único, criado por Deus, destinado à perfeição. Aceite-se e seja pleno!

– Seria muito mais fácil se todos acreditassem nisso, Nina – diz Felipe.

– Quando será que a humanidade vai acordar para o óbvio?

– Estamos no caminho, Lucas – diz Rodrigo.

– Olha quem chegou!

– Sente-se, papai.

– Obrigado, filha. Eu estava ouvindo a conversa de vocês e gostaria de acrescentar algo que acho de suma importância. – diz George permanecendo de pé.

– Fique à vontade, meu amigo – diz Rodrigo.

– É uma simples reflexão. É algo que aprendi a duras provas.

– Prossiga, papai.

George se põe a falar:

– As pessoas acham que a vida é única, esquecem-se da multiplicidade dos universos, dos mares, das formas, dos animais, dos dias, das semanas, dos anos, e por aí vai. Basta olhar a natureza para compreender Deus. Tolos se enganam com a vida. Acham que têm que conquistar logo tudo, que a morte os separará definitivamente daqueles que ama. Assim a humanidade se destrói, e destrói o que de mais valioso existe, o planeta e os animais que foram criados para preencher os espaços vazios entre as encarnações. Tolos são os espíritos que se acham maiores que seus irmãos. Papas, líderes religiosos, sacerdotes, pastores, profetas, dirigentes, sábios, governantes, escritores, codificadores, inventores, enfim, todos aqueles que, de alguma forma, se destacam na vida terrena. "O jubileu da encarnação é passar por ela despercebido." O maior troféu é estar aqui, e ter alguém orando por ti, isso aprendi a duras provas. Aprendi, durante esses seis anos em que fiquei preso a esse lamaçal de orgulho, que não sou nada, nadinha mesmo. Sou parte de um grande projeto chamado "evolução". Aprendi que tive várias oportunidades e as desperdicei, tamanha era a minha ignorância. Quando você desencarnou, Nina, você deixou para mim e para a sua mãe o mais lindo dos ensinamentos. Você nasceu doente e sempre lutou pela vida, uma menina doce, meiga, carinhosa e muito bonita, ninguém entendia por que Deus fez isso conosco. Mas você sempre sorria da dor, nunca reclamou da vida, nunca vimos você dizer uma palavra de ódio ou de rancor contra Deus. Você foi um exemplo de amor enquanto encarnada.

– Logo que desligaram os aparelhos no hospital, cumprimos aquilo que você nos pediu. Doamos todos os seus órgãos. Salvaste algumas vidas mesmo estando morta. Agora, após tanto sofrimento, recebo mais uma vez você, minha filha. Recebo mais uma linda lição de perdão e amor. Eu já tinha perdido as esperanças de sair daquele lugar. Todos os dias, eu orava pedindo clemência a Deus até o dia em que uma menina de nome Cristal apareceu ao lado de outra bela menina e me disse que eu deveria orar com o coração e não com as palavras ensinadas pelo meu pastor lá na igreja. Disse que eu nunca deveria ter acreditado naquele homem, e que eu não deveria ter deixado de ouvir as palavras do meu coração.

Fui iludido, enganado e, por fim, confiei no Paraíso prometido por aquele homem.

Algumas vezes, eu o vi enterrado ao meu lado, aliás, enterrado ao lado de todos os membros da seita que ele dirigia e que estão enterrados até agora naquele horrível lugar. Algumas vezes, ele emergia do fundo da lama e implorava socorro. Confesso que tive pena dele. No começo, até tentei ajudá-lo, mas, quando compreendi que eu estava ali por causa dele, eu deixei aquele homem de lado. Algumas vezes, eu tentava segurar sua mão e tirá-lo daquele sofrimento, mas, todas as vezes que tentei fazer isso, ele me levava para o fundo da lama com ele. Com muito sacrifício, eu emergia novamente e conseguia respirar. Até que desisti de ajudá-lo. Quando as meninas me disseram que eu estava perdido em minhas orações, eu refleti sobre as palavras angelicais daquelas meninas, assim, consegui ficar emerso até que vocês chegaram e elas puderam me tirar dali. Eu vi quando vocês adentraram o vale. Tentei gritar, mas não fui ouvido. Eu não tinha visto você, minha filha, até aquele momento na caverna.

– Primeiramente, eu agradeço a todos vocês que deixaram suas vidas para trás para salvarem esse moribundo homem. Eu mereci ficar onde fiquei, eu mereci tudo o que passei, eu deveria ter lembrado das palavras de Jesus em Jeremias 17.5, assim diz o Senhor: *Maldito o homem que confia no homem, e faz da carne o seu braço, e aparta o seu coração do Senhor!*

Poucos sabem o que diz essa profecia. Quando vivemos pela carne, somos banidos do amor divino e a consequência é o que vivi aqui.

Todos calados ouvem George, que se aproximou e de pé proferiu essas palavras.

Nina olha carinhosamente para o pai.

– Pai, meus amigos são meu esteio, sem eles, talvez eu tivesse desistido de tirar você daquele lugar. Ainda caminho em direção à perfeição, não sou perfeita, e tudo o que experimentamos tem por objetivo nos aperfeiçoar. Esses são amigos verdadeiros, esses são os seguidores da verdade. São minhas metades. E eu sou muito feliz com o que faço. Agradeço, todos os dias, às oportunidades que tenho para me tornar perfeita.

– Perdoe-me, Nina, se algum dia eu falhei com você. Agradeço por sua ajuda e pelo seu perdão, sei que colhi e colho aqui as mazelas da minha fútil existência terrena. Hoje eu só quero dizer a todos vocês, muito obrigado!

Todos sorriem para George.

– Então sente-se conosco, George, o nosso amigo Ventania já vai providenciar um bom chá para nos aquecer – diz Felipe.

– Você não é aquele menino lá da rua em que morávamos? Você não é aquele menino que estudava na mesma escola da Nina?

– Sim, seu George, sou eu mesmo, o Felipe.

– E vocês se encontraram aqui?

– Há muito tempo, papai, mas essa é uma longa história.

– Como esse mundo é pequeno, né?

– Não adianta fugir, um dia, todos se encontram novamente.

Todos riem.

Ventania prepara um delicioso chá e todos conversam.

Após algumas horas, Rodrigo se afasta do grupo e vai olhar os animais, e Ventania o procura para conversar.

– Olá, amigo!

– Oi, Ventania.

– Estou preocupado.

– O que houve?

– George não vai conosco para a colônia, como sabes.

– Sim, sei disso!

– Nina não está sabendo.

– Acho que não foi avisada – diz Rodrigo.

– Ela está tão agarrada ao pai que tenho receio da separação.

– Nina é elevada, acredito que vai aceitar bem.

– O grupo que vai levá-lo já está aposto no caminho. Temos que seguir para encontrá-los.

– Então vamos.

– Fique perto da Nina para que ela não sofra, por favor, Rodrigo!

– Não acredito que ela vá sofrer, de qualquer forma eu ficarei a seu lado, pode deixar.

– Obrigado, amigo.

– De nada, anuncie que iremos partir.

– Pode deixar.

Ventania chega próximo a todos e anuncia a partida.

– Amigos, vamos partir.

Todos se levantam e arrumam suas coisas. Nina dá a mão a seu pai e o conduz à carruagem. George parece mais forte.

Todos montados, a viagem continua.

A claridade do dia se desfaz lentamente ao horizonte, percebe-se que a noite está chegando ao plano terreno.

O Umbral é muito próximo. Pode-se sentir cheiros e sabe-se quando há grandes acontecimentos terrenos, mesmo estando no Umbral.

Eles estão muito próximos da saída do Vale da Morte.

Grandes eventos, tragédias, cataclismos, tornados, erupções, tsunamis, desencarnes coletivos, enfim, tudo o que acontece na Terra é pressentido no Umbral.

Rodrigo se aproxima de Ventania para conversarem novamente.

– Falta muito para o encontro?

– Uns dois quilômetros. Eles estão logo na saída do portal.

– Eles estão preparados?

– Sim, eles nos aguardam ansiosos.

– Eu vou ficar na carruagem com Nina, vou prepará-la para a separação.

– Faça isso, meu amigo.

Rodrigo então puxa as rédeas de seu animal para que ele pare e possa esperar pela carruagem, que vem logo atrás.

Ao se aproximar, ele faz um sinal para Silas parar.

– Silas, você se incomoda de trocar de lugar comigo?

– Claro que não, Rodrigo, eu estava mesmo com muita vontade de experimentar essa montaria.

– Então venha, meu amigo!

Assim, Silas monta o animal, Rodrigo passa as rédeas da carruagem para Felipe e se senta ao seu lado.

– Vamos em frente, amigos – ordena Rodrigo.

Felipe puxa assunto com o amigo.

– Você está bem, Rodrigo?

– Sim, por que a pergunta?

– Porque desistir de montaria não é muito o seu forte.

– Eu preciso conversar com Nina, por isso vim para cá.

– O que houve?

– George não vai para a colônia.

– E Nina sabe disso?

– Ela sequer sabia que viríamos buscar o seu pai.

– Caramba, Rodrigo, e agora?

– Eu vou conversar com ela. George está dormindo?

– Apagado. Eu acho que ele não dorme há muitos anos.

– Vou entrar e conversar com ela.

– Boa sorte! Diga-lhe que eu a amo.

– Pode deixar, e obrigado, Felipe.

Rodrigo chama por Nina abrindo lentamente a lona da carruagem.

– Nina.

– Oi, Rodrigo, entre!

– Posso me sentar a seu lado?

– Claro, meu velho amigo!

– Seu pai dorme?

– Desde que entrou nessa carruagem, ele só faz dormir.

– Está se recuperando.

– Sim, ele precisa do refazimento. Esse sono é provocado, como sabes!

– É sobre isso que vim conversar com você.

– Então diga, meu amigo!

Um enorme barulho é ouvido por todos.

– O que houve? – pergunta Nina.

– Espere, vou sair para ver o que houve – diz Rodrigo.

Uma legião com aproximadamente cem espíritos cerca os iluminados.

Assustado, Rodrigo se coloca de pé ao lado de Felipe, que permanece estático.

Ventania já havia sido dominado pelos espíritos moribundos daquela legião.

Todos estavam dominados.

– Agrupem todos ao lado da carroça – diz o que parece ser o líder do grupo.

Lucas, Silas, Nicolas, Ventania, Felipe, o Negro e Rodrigo são colocados sentados ao lado da carruagem em que Nina está.

– Como ousas nos prender? – diz Ventania.

– Eu estava ansioso com esse encontro, Ventania – diz Salomão.

– Eu sabia que era você, Salomão – diz o Negro.

– O que tens para me ofertar, Ventania?

– Não temos nada.

– Tens sim, eu sei, tens uma jovem muito linda e iluminada dentro dessa carruagem.

– Não se atreva a mexer com a Nina – diz Rodrigo.

– Meu amigo cigano, aqui você não manda em nada. Aqui, quem manda sou eu.

– Salomão, quantas vezes você vai precisar perder para aprender a não se meter com espíritos iluminados? – diz Ventania.

– Se achas que tenho medo de vocês, você está muito enganado, Ventania. Na verdade, eu só quero ver de perto essa menina que todos chamam de iluminada. Dizem que ela é protegida de uma poderosa mentora espiritual.

– Se eu fosse você, disfarçava e ia embora, Salomão – diz Lucas.

– Olha se não é o pirralho do Lucas.

Ventania se afasta para trás do grupo de espíritos e tira do bolso o apito dado a ele pelo Diego, sem que seus inimigos percebam e coloca o apito na boca e apita bem alto.

– Que é isso? Peguem ele – ordena Salomão.

– Tarde demais, amigo, Diego já ouviu e está vindo nos ajudar – diz Ventania.

– Eu não tenho medo do Diego.

– Amarrem todos – ordena Salomão.

Nina aparece e intercede por todos.

– Pare com isso. Não faça isso com os meus amigos, por favor!

Impressionado com a beleza de Nina, Salomão se aproxima da carruagem e se dirige a iluminada mentora.

– Você é que é a famosa Nina? Você é linda mesmo, hein!

– Não se atreva a tocar em minha filha – diz George segurando a lança do Caboclo Ventania.

– Olha só, o velho tá achando que temos medo dele – diz Salomão.

Todos ouvem o soar de um berrante.

– Nossos amigos estão chegando – diz Negro.

– É Diego – diz Ventania.

– Seus desgraçados, um dia ainda pego vocês – diz Salomão ordenando a seus soldados que saiam imediatamente dali.

Todos saem correndo.

Diego se aproxima com seus mais de 200 soldados. Nina fica feliz com a presença do amigo.

– Chamaram-me? Olha se não é o Salomão fugindo novamente de mim.

Todos riem.

– Obrigado pelo apito, Diego, ele nos salvou na hora certa.

– Foi por isso que eu deixei ele com vocês. Estão todos bem?

– Sim, foi só um susto. Agora, estamos bem – diz Ventania.

– Eu trouxe alguns cavalos para vocês, deixem esses animais voltarem para Sharia. Daqui por diante, vocês estão seguros, meus homens vão acompanhá-los até a saída do portal.

– Obrigado, Diego – diz Rodrigo.

– Mande um abraço meu para o meu querido Daniel.

– Daremos – diz Nina.

Após os cumprimentos, Diego segue seu caminho de volta.

Nina, Felipe e todos seguem deixando para trás o Vale da Morte.

Rodrigo novamente se senta dentro da carruagem para terminar o assunto começado com Nina.

– Conte-me logo, Rodrigo – diz Nina ansiosa.

– Nina, mais à frente, há um grupo de amigos que está nos esperando para levar seu pai para o refazimento. Você está preparada para uma possível separação do seu pai?

– Se for melhor para ele, o que posso fazer?

– Nina, ele não será levado para Amor e Caridade.

– Eu imaginava que isso iria acontecer.

– Que bom, Nina, que você pensa assim! Pensei que iria ser um problema para nós essa notícia.

– Meu pai ainda precisa de algumas encarnações para poder viver a meu lado e eu tenho consciência disso, Rodrigo.

– Pois é, Nina. Ele será levado para o pronto socorro espiritual aqui mesmo no Umbral. Os guardiões estão esperando ele chegar para levá-lo para o refazimento. Depois, será levado para a reencarnação.

– Ele escolheu isso?

– Será convidado a isso!

– Espero que aceite. Vou sentir saudades, mas sei que a saudade é um sentimento dos egoístas. Assim, esperarei por ele mais uma vez até que tenhamos a oportunidade de caminhar juntos para sempre.

– Que bom que você está segura da necessidade evolutiva do seu George.

– Rodrigo, você sabe onde está a minha mãe?

– Essa pergunta você tem que fazer para o Daniel.

– Por que? Você não sabe?

– Eu não sei, Nina.

– Está bem, deixe-me curtir mais um pouquinho do meu pai. Em breve, terei que me afastar novamente dele, assim aproveito esse momento para matar a saudade e aconselhá-lo a seguir evoluindo.

– Fique com ele. Aproveite seu momento. Instrua-o a evoluir.

– É isso que vou fazer, meu amigo, muito obrigada por tudo. E fique tranquilo, eu compreendo essas separações.

– De nada, Nina.

Rodrigo sai da parte interna da carruagem e se senta ao lado de Felipe.

– E aí, como foi?

– Nina sempre nos surpreende com sua grandeza.

– Conheço bem essa menina, ela é o significado do amor, Rodrigo!

– E bota amor nisso!

Logo à frente, pode-se ver um grupo de espíritos esperando pela caravana de Amor e Caridade. O portal fica para trás.

– Chegamos. Aí estão os guardiões que levarão George.

Nina beija a face de seu pai despedindo-se dele com ternura.

Os guardiões trazem sua maca e colocam George, adormecido, sobre ela.

– Eles não vão acordá-lo? – pergunta Nicolas.

– É desnecessário esse sofrimento. – responde Rodrigo.

– Quer dizer que não poderemos nos despedir dele?

– Não, Silas, Nina pediu que fosse assim. Quando George acordar, ele será conscientizado de sua condição espiritual, e sentirá a necessidade do refazimento para poder seguir em frente. Embora Nina o ame muito, ela prefere que ele não sofra mais uma vez a dor da separação. Ele não compreenderia que, após ser resgatado por sua filha, ficaria sem ela mais uma vez. Assim, Nina pediu que os guardiões não o acordassem e que o levassem com muito cuidado e amor.

– Essa Nina é mesmo surpreendente – diz Silas.

– Nina é um grande espírito – diz Nicolas.

Nina se aproxima do pai deitado na maca e o beija a face, dizendo:

– Pai, novamente iremos nos separar, eu espero e vou orar muito por isso, que você seja merecedor de viver comigo eternamente na colônia. Eu te amo profundamente e tenho que compreender essa separação. Espero que você me perdoe por isso, mas é o melhor para nós nesse momento.

Siga em frente e conte comigo para te auxiliar. Eu te amo eternamente, seu George.

Nina beija novamente o pai. Ela não consegue conter as lágrimas que banham sua face.

Todos se emocionam com a despedida.

Felipe se ajoelha ao lado da amada e lhe oferece o ombro, onde Nina repousa seu rosto. Com a mão esquerda, Felipe afaga sua amada.

– Venha, Nina, vamos seguir de volta à nossa colônia.

Nina então coloca sua mão direita sobre o peito de George, que suspira profundamente.

Assim ela se despede do pai.

– Obrigada, guardiões.

– Dois rapazes se abaixam e pegam a maca em suas mãos. Um outro mentor, de nome Gilberto, sorri para Nina e caminha em direção ao pronto socorro espiritual que existe no Umbral.

Todos de pé os assistem se retirarem do lugar.

Após alguns minutos, eles somem na densa vegetação.

– Vamos, pessoal, estamos perto de casa.

Todos voltam às suas montarias e a viagem corre feliz até os portões de Amor e Caridade.

"

Somente amando compreenderemos as separações temporárias.

Nina Brestonini

"

Dia 7

Dia 7

O encontro.

Daniel, feliz, recepciona todos os viajantes em seu gabinete.

Marques está eufórico, louco para saber o resultado da missão.

Todos aguardam a chegada de Daniel sentados em sua sala.

Nina está ansiosa, afinal, precisa saber os reais motivos da missão. E onde está a sua mãe?

Daniel chega um pouco atrasado e se desculpa com todos.

– Bom dia, amigos!

– Bom dia, Daniel.

– Como foi a missão no Umbral?

– De muito aprendizado – diz Silas.

– Que bom, Silas, essa foi a intenção quando os convidei para a missão ao lado de Nina. E você, Nina, como está?

– Feliz por ter reencontrado meu pai, mas preocupada por não saber da minha mãe. Será que ela tomou o mesmo destino de meu pai? Não a vi naquele lugar lamacento.

– Sua mãe seguiu os passos do seu pai, Nina. Ela também se envolveu com a seita religiosa, e teve o mesmo destino dele.

– Mas não a vimos lá – disse Lucas.

– Ela já foi resgatada? – pergunta Silas.

– E onde ela está, Daniel? – pergunta Nina.

– Na verdade, minha querida Nina, sua mãe nunca esteve no Vale da Morte. Ela está, nesse momento, no Limbo.

– Meu Deus – diz Nina levando as mãos ao rosto.

– Como todos sabem, o Limbo é um outro lugar, é muito complexo. Ele está localizado no astral inferior, é onde ficam os espíritos que perderam a capacidade de pensar, espíritos que perderam qualquer capacidade cognitiva. Os espíritos que habitam o Limbo perderam a capacidade de se lembrar das suas existências anteriores, estão agarrados às vidas materiais. Seus perispíritos estão destruídos, ficam como ovóides. São como mônadas, ainda albergando a essência espiritual. Sentem-se enclausurados em um meio que não lhes permite externar nada.

– O que foi que a minha mãe fez da vida dela, Daniel?

– Ela, junto com o dirigente espiritual, aquele mesmo que dominou a mente de seu pai e de tantas almas, foram os fundadores da seita. O castigo para ela e para o líder é de acordo com seu merecimento, vocês sabem perfeitamente disso.

Ela vai precisar ser resgatada e vai precisar ainda de muitas encarnações para readquirir um perispírito e, assim continuar sua evolução. Quando ela readquirir o perispírito, algumas memórias serão acrescentadas a ela, ou melhor, ela vai começar a relembrar de algumas vidas passadas e, acessando esse inconsciente, ela poderá retornar ao caminho da evolução.

Nina fica triste e olha para Daniel.

– Não fique assim, Nina, eu já providenciei um grupo que está sendo preparado para o socorro de sua mãe.

– Eu vou poder ajudar?

– Ainda é muito cedo para eu te prometer isso.

– Daniel, e o meu pai, o que vai acontecer com ele agora?

– Seu pai vai passar pelo refazimento e, assim que estiver pronto, reencarnará. Será professor de religião em uma universidade, acreditamos ser essa sua última encarnação. Se tudo der certo, daqui a sessenta e sete anos ele estará nesta sala nos auxiliando com os recém-chegados.

– Que boa notícia, Daniel. Obrigada por essa oportunidade – diz Nina feliz.

– O que são sessenta e sete anos, não é, Nina?

– Para nós é como os dias, passam rápido. Estou feliz, vou poder ter meu pai ao meu lado. Agora só falta a minha mãe e, quem sabe, o meu irmão.

– Vamos em frente. Nina, eu quero que você veja uma coisa.

– O que, Daniel?

– Eu aproveitei a sua ausência para fazer uma pequena reforma na escola.

– Sério?

– Sim, vamos até lá?

– Claro que sim. Pessoal, vamos até a minha escola.

Todos se levantam e seguem Nina, que, a passos rápidos, dirige-se ao prédio que funciona como uma escola na Colônia Espiritual Amor e Caridade.

Daniel segue ao lado de Nina e Marques.

Todos estão radiantes e felizes.

Ao ver o prédio reformado, pintado, e todas as crianças sentadas nas escadarias do prédio, Nina coloca as duas mãos no rosto emocionada. As crianças cantam uma linda canção de boas-vindas à iluminada Nina, que, abraçada a Felipe, se sente feliz.

Nicolas, Rodrigo, Lucas, Silas, Marques e Daniel assistem a tudo emocionados.

Ventania e o Negro estão cumprindo sua função.

São os guardiões daquele lindo lugar.

Mais um dia se inicia na Colônia Espiritual AMOR E CARIDADE.

Nina me revelou que quem puxou a minha perna foi um desses espíritos que escaparam do Umbral, e assim eu pude escrever esse livro. Que não voltem nunca mais...

Agradeci e agradeço todos os dias pelas oportunidades que tive e tenho em escrever esses livros.

Obrigado Deus, obrigado Nina!

Fim

"
Não creias que a vida termina ao final dessa tua vida, não faz sentido toda a Criação para findar-se após uma única existência. Creia, você é o objetivo de Deus.
Frei Daniel
"

Após vivenciar três experiências de quase morte, **Osmar Barbosa** *iniciou sua trajetória espiritual. E foi nas obras do iluminado Chico Xavier e do professor Allan Kardec que encontrou as respostas para seus questionamentos mais profundos.*

Uma coisa é certa: a vida não se resume a esta vida.

E foi pelo aprofundamento da doutrina espírita que passou a utilizar-se de seu dom mediúnico para auxiliar aqueles que buscam, por meio das obras psicografadas por ele, a tão desejada evolução espiritual.

Hoje, Osmar Barbosa é presidente da Fraternidade Espírita Amor & Caridade, obra assistencialista localizada na cidade de Niterói no estado do Rio de Janeiro, onde atende a milhares de pessoas que necessitam de ajuda.

Casado, pai de cinco filhos, segue adiante na sua missão com muita humildade e resignação, buscando sempre evoluir espiritualmente, confiando em Jesus e na Lei Divina.

Acompanhe o trabalho de Osmar Barbosa em
www.osmarbarbosa.com.br.

Outros títulos lançados por Osmar Barbosa

Conheça outros livros psicografados por Osmar Barbosa. Procure nas melhores livrarias do ramo ou pelos sites de vendas na internet.

Acesse

www.bookespirita.com.br

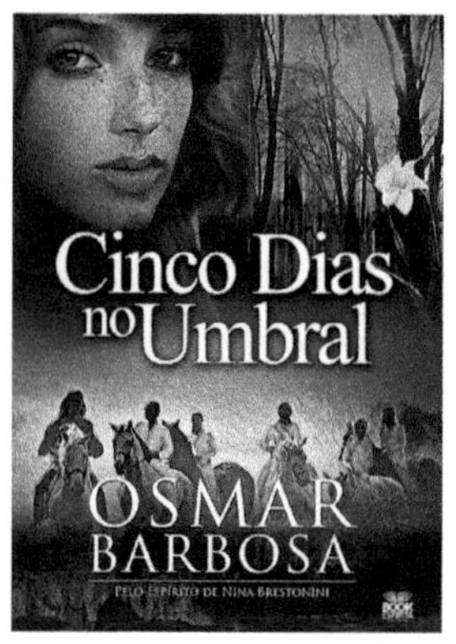

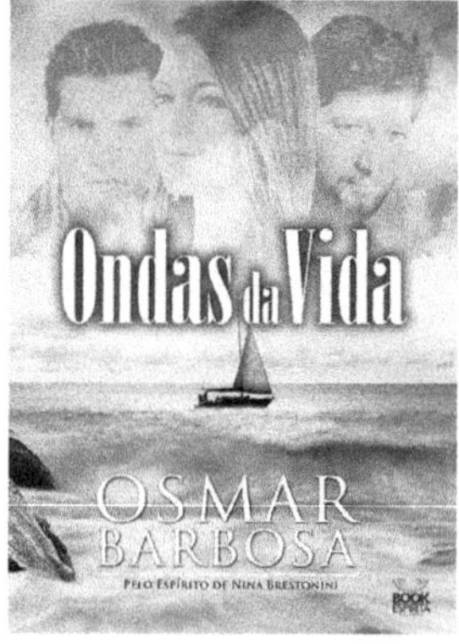

JOANA D'ARC
O AMOR VENCEU
OSMAR
BARBOSA
PELO ESPÍRITO DE NINA BRESTONINI

OSMAR
BARBOSA
PELO ESPÍRITO DE NINA BRESTONINI
ALÉM DO SER
A História de um Suicida

A
BATALHA
DOS
ILUMINADOS
OSMAR
BARBOSA
PELO ESPÍRITO DANIEL

500
almas
OSMAR
BARBOSA
PELO ESPÍRITO DE NINA BRESTONINI

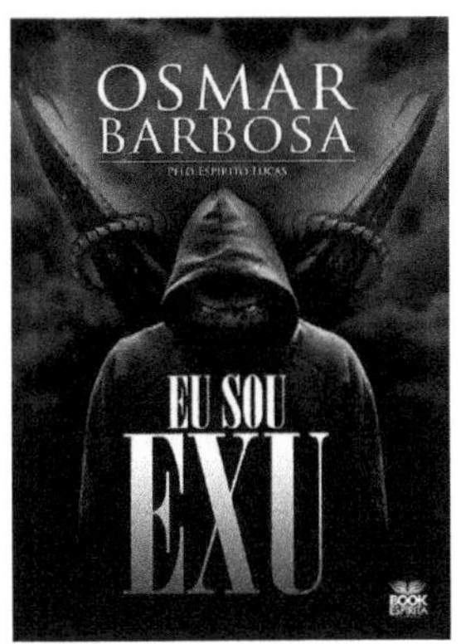
OSMAR
BARBOSA
PELO ESPÍRITO LUCAS
EU SOU
EXU

OSMAR
BARBOSA
PELO ESPÍRITO DO CIGANO RODRIGO
Gitano
AS VIDAS DO
CIGANO RODRIGO

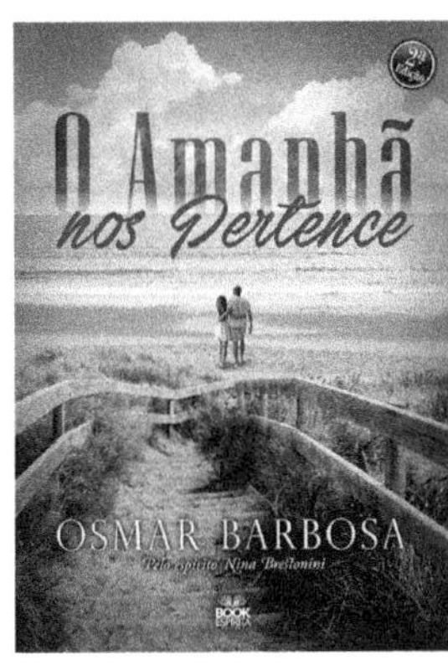
O Amanhã
nos Pertence
OSMAR BARBOSA
Pelo espírito Nina Brestonini

Mãe,
voltei!
OSMAR BARBOSA
PELO ESPÍRITO NINA BRESTONINI

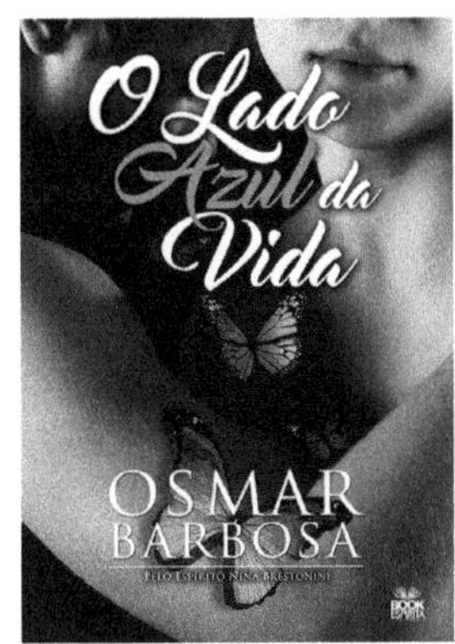
O Lado
Azul da
Vida
OSMAR
BARBOSA
PELO ESPÍRITO NINA BRESTONINI

OSMAR
BARBOSA
DEPOIS...
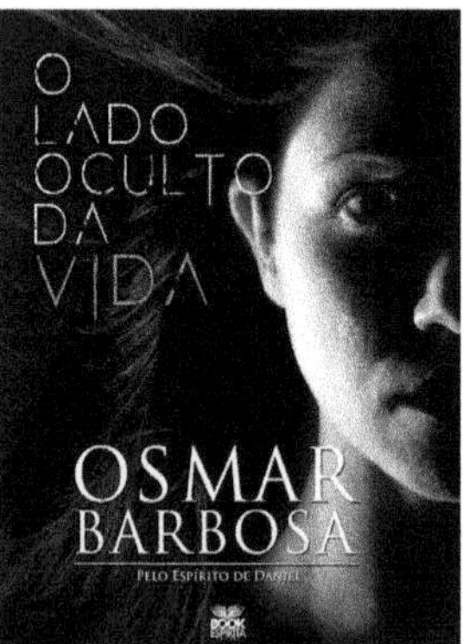
O
LADO
OCULTO
DA
VIDA
OSMAR
BARBOSA
PELO ESPÍRITO DE DANIEL

Entrevista
com
Espíritos
Os Bastidores do Centro Espírita
por
OSMAR
BARBOSA

Entre Nossas
Vidas
OSMAR
BARBOSA
PELO ESPÍRITO DE NINA BRESTONINI

COLÔNIA ESPIRITUAL
AMOR & CARIDADE
Dias de Luz
OSMAR
BARBOSA
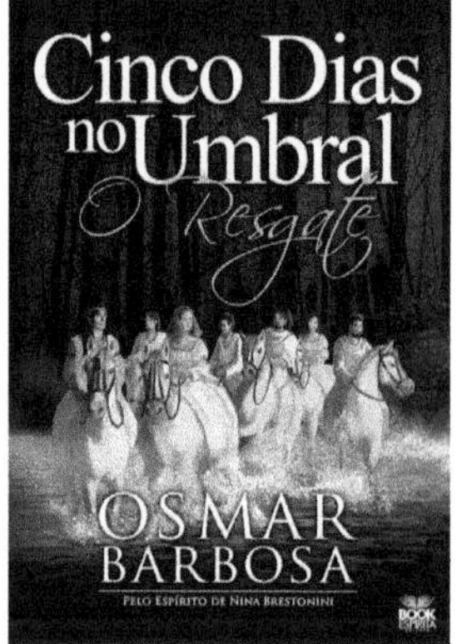
Cinco Dias
no Umbral
O Resgate
OSMAR
BARBOSA
PELO ESPÍRITO DE NINA BRESTONINI

OSMAR
BARBOSA
Amigo
Fiel

VINDE A MIM
O Evangelho no Lar
OSMAR
BARBOSA
PELO ESPÍRITO DE DANIEL

IMPUROS
A legião de Exus
OSMAR
BARBOSA
PELO ESPÍRITO DE LUCAS

O Médico de
DEUS
OSMAR
BARBOSA
PELO ESPÍRITO DE NINA BRESTONINI

AUTISMO
A ESCOLHA DE NICOLAS
OSMAR
BARBOSA
PELO ESPÍRITO DE NINA BRESTONINI

UMBANDA
PARA
INICIANTES
OSMAR
BARBOSA

OSMAR BARBOSA
PARAFRASEANDO
CHICO
XAVIER
Seleção das mais belas frases
de Chico Xavier
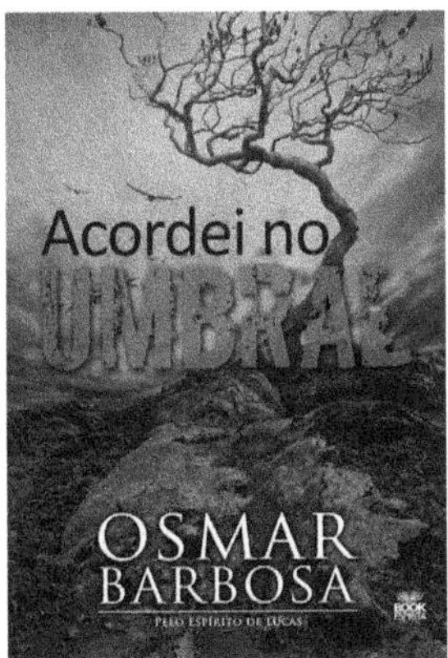
Acordei no
UMBRAL
OSMAR
BARBOSA
PELO ESPÍRITO DE LUCAS

ROMANCE ESPÍRITA
A ROSA
DO CAIRO
OSMAR
BARBOSA
PELO ESPÍRITO DE NINA BRESTONINI

pelo Espírito NINA BRESTONINI
DEIXE-ME Nascer
OSMAR BARBOSA
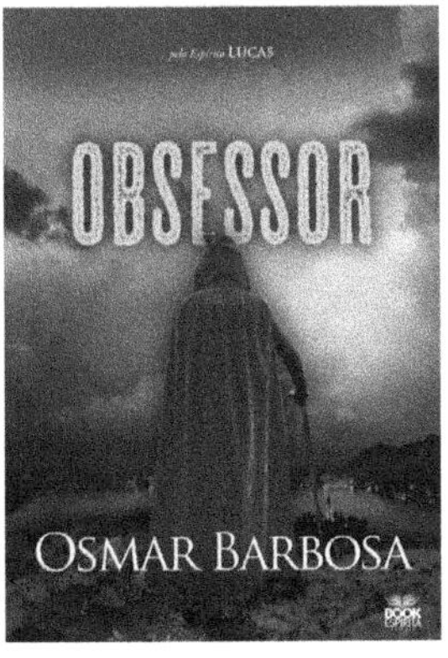
pelo Espírito LUCAS
OBSESSOR
OSMAR BARBOSA

pelo Espírito JONAS
REGENERAÇÃO
UMA
NOVA
ERA
OSMAR BARBOSA

Esta obra foi composta na fonte Century751 No2 BT, corpo 13.
Rio de Janeiro, Brasil.

www.ingramcontent.com/pod-product-compliance
Ingram Content Group UK Ltd.
Pitfield, Milton Keynes, MK11 3LW, UK
UKHW021935200726
13853UKWH00011B/2185

9 786589 628026